多层次资本市场的券商公司治理研究

齐　岳　张喻姝　齐竹君　刘　欣　冯筱瑢　著

本书得到以下项目资助:

2018 年天津市教委社会科学重大项目"天津市高质量发展的新动能创新研究——基于金融资源整合与金融生态构建的分析"（2018JWZD50）和南开大学中国公司治理研究院科研项目

科学出版社

北　京

内 容 简 介

本书在深化金融体制改革的背景下,以增强金融服务实体经济能力为基本原则,回顾和总结了我国证券市场 30 多年来的发展历程和改革成果。在搜集整理 2000 年至 2019 年我国上市券商违规行为,并对其中典型案例进行解读的基础上,本书结合经典公司治理理论,创新地构建了一套能够反映券商风险管理、合规管理等重要因素的公司治理评价指标体系,运用因子分析方法对我国上市券商进行公司治理评价。本书从券商治理和政府监管两方面提出了具有理论依据、数据支持和现实意义的参考性建议,助力证券市场健康发展。

本书适合金融行业从业人员、金融行业监管者,以及对券商公司治理这一领域感兴趣的其他读者学习和使用。

图书在版编目(CIP)数据

多层次资本市场的券商公司治理研究 / 齐岳等著. —北京:科学出版社,2022.6

ISBN 978-7-03-070346-0

Ⅰ. ①多⋯ Ⅱ. ①齐⋯ Ⅲ. ①证券公司－企业管理－研究－中国 Ⅳ. ①F832.39

中国版本图书馆 CIP 数据核字(2021)第 219200 号

责任编辑:王丹妮 / 责任校对:张亚丹
责任印制:张 伟 / 封面设计:无极书装

科 学 出 版 社 出版

北京东黄城根北街 16 号
邮政编码:100717
http://www.sciencep.com

北京虎彩文化传播有限公司 印刷
科学出版社发行 各地新华书店经销

*

2022 年 6 月第 一 版 开本:720×1000 1/16
2023 年 1 月第二次印刷 印张:10 1/2
字数:210 000

定价:116.00 元

(如有印装质量问题,我社负责调换)

作者简介

　　齐岳，南开大学商学院财务管理系教授、博士生导师，现任系副主任、南开大学中国公司治理研究院企业社会责任研究室主任。2004 年毕业于美国佐治亚大学泰瑞商学院金融学与银行学系，并取得博士学位。研究方向：投资组合管理、基金管理、公司治理。在 *Operation Research* 等国际学术期刊和国际学术会议上发表与报告 30 余篇论文。出版专著：齐岳，《投资组合管理：创新与突破》，经济科学出版社，2007 年 12 月；齐岳，蔡宇，廖科智，《经济发展新常态下完善中国公募基金治理结构研究：基于投资策略的视角》，科学出版社，2016 年 5 月；齐岳，林龙，刘彤阳，郭怡群，《五大发展下中国企业社会责任投资的分析和展望》，科学出版社，2017 年 11 月。主持多项国家自然科学、社会科学、教育部课题。研究方向：金融市场与金融机构、公司治理。

前　　言

随着我国经济体制改革深入，我国证券市场在党的十一届三中全会后逐渐恢复并不断完善。经过数十年的发展，我国证券市场已初具规模。截至2020年底，我国A股上市公司达4100余家，国内有大小券商①138家，证券营业部数量超过10 000家，我国证券市场已成为亚太地区最有活力的证券市场之一。

在证券市场不断发展壮大的过程中，不和谐因素时有出现。一些券商为了谋求自身利益不惜违反监管规定，致使市场公平交易秩序被破坏，投资者权益受损。近几年来，券商被处罚的新闻屡见不鲜，如西南证券在并购重组中涉及未按照规定履行职责等问题，评级由A级连降六级下降为C级。这些事件引起社会各界对证券市场中券商监管及治理这一问题的关注。自1998年国务院发布《关于机构设置的通知》（国发〔1998〕5号）实行证券行业集中统一监管以来，我国证券行业监管制度和监管环境也在不断发生变化。随着金融改革的不断深化，中国证券监督管理委员会（以下简称中国证监会）频繁出台新的证券市场监管规定，坚决从严监管，相应政策也应时而变。学术界及政府部门对如何加强证券行业治理和监管的关注度也有所提升，我国的证券监管的体制机制正逐步趋于完善。

习近平在党的十九大报告中强调："深化金融体制改革，增强金融服务实体经济能力，提高直接融资比重，促进多层次资本市场健康发展。……健全金融监管体系，守住不发生系统性金融风险的底线。"②这是新时代中国特色社会主义金融市场发展的根本指导方向，指明我国金融市场下一阶段深化体制改革、完善监管体系及防范系统性风险的重要任务。证券市场作为金融市场的重要组成部分在金融体制完善中发挥着重要作用，而券商作为金融市场中经营证券交易的公司，其平稳运行是证券市场健康发展的关键。

公司治理是居于企业所有权层次上的一门科学。证券公司的治理水平不仅影响证券公司自身的运作效率和行为规范，还影响着证券市场融通资金和合理

---

① 券商，即证券公司。

② 《习近平：决胜全面建成小康社会 夺取新时代中国特色社会主义伟大胜利——在中国共产党第十九次全国代表大会上的报告》，http://www.gov.cn/zhuanti/2017-10/27/content_5234876.htm[2020-12-30]。

配置资源的能力。因此提升证券公司的治理水平对于确保我国证券市场功能得到充分发挥、助力我国国民经济健康发展有着重要意义。证券公司的业务特点及所处市场环境高风险、高回报的特征,决定了在缺乏有效公司治理的情况下,证券公司可能会违背法律法规和行业道德规范的要求,利用自身资源优势获取不正当利益。这些违法违规行为不仅直接损害了广大投资者的利益,妨碍了证券市场正常功能的发挥,还严重挫伤了市场信心,破坏市场秩序。因此,在深化金融体制改革的背景下,注重证券公司的治理问题有利于控制潜在风险,强化市场稳定。

笔者在回顾证券市场发展历程和监管演变及公司治理理论基础的基础上,立足于现实背景,对券商的公司治理和以政府监管为主的外部治理进行研究。

在券商的公司治理方面,首先,笔者对我国证券市场的发展阶段进行梳理,结合法律法规和政策文件明确证券市场存在的主要违规行为,并就 2000 年至 2019 年券商违规行为进行统计分析,选择其中典型的券商违规案例进行解读;其次,笔者根据券商经营业务特殊性,设置一套能够反映券商风险管理、合规管理等重要因素的公司治理指标体系;最后,笔者选取 2006 年至 2019 年上市券商的样本数据,运用因子分析方法构建券商公司治理评价体系,并对我国主要券商进行治理评价打分。由此,形成一份有理论依据、有数据支持、有现实意义的我国上市券商治理情况介绍,有的放矢地对我国券商的公司治理提出合理建议。

在政府监管方面,笔者就近几年主要监管政策的变化进行总结,同时结合券商公司违规案例和我国政府证券监管的职能定位对如何加强证券公司监管,如何提升其在证券市场中的稳定性提出政策性建议。

本书关于券商公司治理评价体系的研究成果具有丰富的理论及现实意义,具体有如下几点。

一是为券商完善自身公司治理情况提供了参考。本书的研究是具体的、有依据的,通过对券商公司治理各个维度的指标进行打分实现了量化评价,所得结果能够清晰反映券商主体在公司治理层面存在的问题及问题发生的程度,有针对性地帮助券商识别自身公司治理的不足之处。进而,券商可以根据这一结果有的放矢地改善公司治理,避免在公司内部治理上出现对公司发展不利的因素,提升公司运营能力,实现可持续的长期发展。

二是为我国证券监管机构完善监管政策提供了参考建议。首先,本书通过对证券市场中券商存在的违规行为进行系统的梳理,帮助证券监管机构发现与了解证券公司存在的主要违规类型。以 2015 年为例,因虚假记载、重大遗漏而受到处罚的证券公司违规案例数量最多,共有 15 例,一方面,这为监管机构提供了未来重点监管方向的参考；另一方面，这说明券商公司治理存在很大问题，需要监管机构给予足够的关注。其次，本书采用基于公司治理理论构建的券商公司治理评价方法对上市券商公司治理进行实证检验，打分结果可以很清晰地揭示上市券商在公司治理各个维度的治理水平和我国上市券商治理情况的总体表现与个体排名情况，这一结果可以帮助监管机构以券商外部治理者的角色介入券商的公司治理，以提升证券市场稳定性为目的出台更有针对性的政策，提升对券商的监管水平。

三是本书通过研究国内外的券商公司治理评价方法，对券商公司治理水平进行了量化打分，引导我国券商提升公司治理水平。已有的研究大多从定性的角度研究证券市场监管政策、券商的公司治理，本书则从定量的角度进行研究，这一研究结果对公司治理及券商公司治理评价都可以起到积极的推动作用。

本书的研究创新如下。

笔者在查阅大量文献后发现目前我国已有学者对券商公司治理进行相关研究，但多聚焦于券商治理问题的某一个角度，并针对此方向进行深入研究，尚未有学者全面地构建券商公司治理评价体系，因此本书把系统地进行券商公司治理评价作为一个研究目标，试图完成这一方面的突破。

本书主要目标在于实现对券商治理评价的量化分析，通过设立切实可行的、符合我国证券市场发展现状的券商评价指标，对样本数据进行指标打分，实现对券商公司治理水平的客观评价。进一步地，笔者对得分结果进行分析并提出无论从券商内部治理还是政府监管外部治理角度都有理论依据、数据支持和现实意义的参考性建议，助力证券市场健康发展。

随着社会各界对券商的违规情况关注度提升，券商公司治理评价结果这一重要信息可以为学术界提供对券商公司治理情况进行深入研究的依据，拓宽研究思路。此外，还能够为相关部门提供对券商加强监管的参考性建议。

相较其他证券公司治理专著，本书的主要特点如下。

首先，本书从证券市场基础知识到券商公司治理研究由浅入深地向读者讲解关于券商公司治理的最新研究成果。一方面，本书的内容是在证券市场这一角度纵向进行拓展，有助于没有相关基础却对这一研究领域感兴趣的读者进行学习和理解；另一方面，本书注重理论与案例结合，利用具有时效性和代表性的案例深入浅出地对证券市场违规情况进行总结，帮助读者清晰地了解本书的研究背景。

其次，在券商公司治理这一方面，国内现有研究大多从概念和内容上入手并展开深入分析，很少有人针对治理结果的量化评价方法进行探讨。本书正是在这样的学术背景下提出了研究问题，基于此构建券商公司治理的评价体系并将其付诸实践，通过实证结果对券商的公司治理情况做进一步的解读与分析。

再次，在十九大提出"促进多层次资本市场健康发展"[①]的宏观背景下，本书的研究内容具有很强的实用性和参考意义。本书从金融市场中券商这一重要主体入手，对其违规情况进行的系统统计与分析有助于读者了解证券市场状况。除此之外，本书关于券商公司治理的研究结果可以很好地为政府政策研究员提供一些参考性意见。

最后，本书收集 2006 年至 2019 年我国上市券商的公司治理数据，使用本书介绍的评价方法进行打分评价，得分结果可以有力地说明券商的公司治理情况，这也在某种程度上为投资者提供了拓宽投资的思路和方向。

本书共分为九章。

第一章对证券市场和证券市场监管的相关概念和基础知识进行系统性的介绍，主要包括证券市场的起源与发展、证券市场的构成要素、证券市场的构成与特征、证券市场监管，并在这些基本概念的基础上介绍我国证券市场和证券市场监管的主要内容与特征；第二章介绍了公司治理理论，包括公司治理的概念、产生、相关理论和主要内容，并对国内外关于公司治理主题的文献进行回顾和述评，使没有相关知识积累的读者可以更好地理解本书的研究背景和理论基础，此外，本书在第二章介绍了国内外具有代表性的公司治理评价体系，使读者能够构建起可遵循的公司治理评价基本框架；第三章对我国 30 多年来证券市场、证券公司发展与监管的历程进行了系统的梳理和总结；第四章结合现行法律法规和政策文件介绍了我国证券市场存在的主要违规行为，对 2000～2019 年我国上市券商违规行为进行统计分析，并选择其中典型的券商违规案例进行解读，指出监管机构需要给予券商公司治理足够的关注，为监管机构提供未来重点监管方向的参考；第五章从证券发行审核制度改革、国有企业改革、退市制度改革、投资者保护制度等四个方面回顾和总结我国证券市场 30 多年来的改革成果，指出深化金融体制改革背景下加强证券市场监管和证券公司监管的重要意义；第六章结合券商经营方式的特殊性，对券商公司治理和公司治理评价的重要内容进行介绍和文献述评，指出完善券商公司治理具有重要意义，但是目前研究在券商公司治理评价的量化研究上存在不足；第七章结合经典公司治理理论和券商经营特点，创新地构建了一套能够反映券商风险管理、合规管理等重要因素的公司治理评价指标体系，详

[①]《习近平：决胜全面建成小康社会 夺取新时代中国特色社会主义伟大胜利——在中国共产党第十九次全国代表大会上的报告》，http://www.xinhuanet.com//politics/19cpcnc/2017-10/27/c_1121867529.htm[2021-12-07]。

细介绍这一体系的设计思路、理论依据和评价标准；第八章主要是运用第七章构建的券商公司治理评价指标体系，对我国上市券商的公司治理情况进行评价，并对评价结果进行深入分析，在此基础上有针对性地提出改善我国券商公司治理的建议；第九章在以上研究的基础上，提出具有理论依据、数据支持和现实意义的关于完善券商公司治理、加强证券市场对券商的监管的合理建议，并对未来如何深化本书研究进行展望。

　　本书分工情况如下：齐岳负责本书总体设计，完成本书前言部分；张喻姝完成第一章至第四章（约七万字）；齐竹君完成第五章至第七章（三万字以上）；刘欣完成了第八章、第九章；冯筱瑢完成了法律、法规的应用性检查。

齐　岳

2021 年 1 月

目　　录

第一章　证券市场与证券市场监管 …………………………………… 1

第一节　证券市场的来源与构成要素 ……………………………… 1

第二节　我国证券市场的构成与特征 ……………………………… 7

第三节　证券市场监管的基本含义 ………………………………… 20

第四节　我国证券市场监管的主要内容与特征 …………………… 22

第二章　公司治理的理论基础及文献述评 …………………………… 31

第一节　公司治理的理论基础 ……………………………………… 31

第二节　公司治理的研究述评 ……………………………………… 45

第三节　公司治理评价的研究述评 ………………………………… 55

第三章　我国证券市场的逐步发展及现状评述 ……………………… 62

第一节　我国证券市场发展的历史沿革 …………………………… 62

第二节　我国证券市场监管发展的不同阶段 ……………………… 66

第三节　我国证券公司的发展进程 ………………………………… 68

第四节　对证券公司实行监管的发展及现状 ……………………… 69

第四章　证券公司的违规情况统计及案例分析 ……………………… 74

第一节　我国证券市场存在的主要违规行为 ……………………… 74

第二节　我国证券市场中券商的违规行为 ………………………… 77

第三节　案例选编 …………………………………………………… 82

第五章　新时期我国证券市场监管的发展需求 ……………………… 87

第一节　我国证券市场改革的要求及成果 ………………………… 87

第二节　金融体制改革背景下加强证券市场监管的意义 ………… 93

第三节　加强证券公司监管的意义 ………………………………… 94

第六章　证券公司监管之新视角：券商的公司治理 ………………… 96

第一节　券商公司治理的内容 ……………………………………… 96

第二节　国内外券商公司治理模式与文献述评 …………………… 98

第三节　券商公司治理的意义及评价方式 ………………………… 104

第四节　国内外券商公司治理评价的研究现状 …………………… 106

第七章 券商的公司治理评价之新方法 ················· 109

第一节 我国券商公司治理评价指标体系的设计 ············· 109

第二节 我国券商公司治理评价指标体系的计算 ············· 119

第三节 构建我国券商公司治理评价方法 ················· 121

第八章 券商的公司治理评价的实证分析 ··············· 123

第一节 券商公司治理评价方法的实证应用 ··············· 123

第二节 券商公司治理评价结果分析 ··················· 124

第三节 基于实证结果的券商公司治理建议 ··············· 136

第九章 加强我国证券市场健康发展的有效建议 ·········· 139

第一节 针对券商完善公司治理的有效建议 ··············· 139

第二节 针对证券市场中完善券商监管的有效建议 ··········· 142

第三节 对于加强券商公司治理的研究展望 ··············· 144

参考文献 ·································· 146

第一章　证券市场与证券市场监管

　　证券市场是股票、债券、投资基金等有价证券发行和流通，以及与之相配套的组织及管理方式的总称。从证券市场的功能和机制上理解，证券市场实质上是资金供需双方在受到相关法律法规保护和约束的基础上，通过竞争来决定证券价格，从而实现资金融通、价值发现、资源配置的场所。

　　和商品市场一样，证券市场可以是一个场所，也完全可以不是一个场所，而仅仅是一种交易关系或交易过程。证券市场是一种公开市场，任何个人、任何机构都可以自由进出这个市场，在这个市场上交易工具的价格和参与条件对所有市场参与者都是公开的，任何符合参加交易最低要求的个人和机构都可以按照标准化的条件进行市场活动。

第一节　证券市场的来源与构成要素

一、证券市场的起源与发展

（一）证券市场的起源

　　商品经济的发展要求社会各方面的资金向有利于生产力发展的方向流动，以实现社会资源的有效分配。当商品经济进一步发展，进入更高一级的市场经济阶段后，社会化大生产所需的巨额资金已经无法通过企业主自身的资金积累或者资金借贷被满足，而证券直接融资的特点满足了市场经济发展对资金的要求。从商品经济发展的情况来看，发达国家和发展中国家的实践都充分证明，证券和证券市场的建立、发展与规范化是社会化大生产下巨额资本扩张需求的必然产物，也是商品经济进一步发展为市场经济的客观要求。

　　证券市场的兴起源于欧洲的意大利商业城市威尼斯、热那亚等地的商业票据买卖，中世纪的法国巴黎也有专门从事与货币资本有关的经营活动——被称为"钱袋"的早期交易所。

股份公司是顺应市场经济发展而诞生的一种全新的融资方式。股份制公司的组织形式最先出现在17世纪初,1602年荷兰率先成立了荷兰东印度公司,这是第一家基于永久性股本的股份制公司,随后荷兰和英国先后成立了荷兰西印度公司、英国东印度贸易公司等一批具有现代股份公司主要特征的海外贸易公司。19世纪后半叶,股份公司这种企业融资制度在以钢铁、煤炭、机器制造业为中心的重工业部门(王楚明,2009)和银行等金融部门已开始被普遍运用。

股份制这种全新的企业融资方式奠定了全球证券市场发展的基础,在一系列证券发行的推动下,证券交易市场也开始逐步形成。1602年世界上第一个股票交易所在荷兰的阿姆斯特丹成立,主要经营荷兰东印度公司、哈得逊湾公司的股票和皇家债券。1773年在英国首都伦敦柴思胡同的乔纳森咖啡馆中,股票商一起成立了英国的第一家证券交易所,它就是现代伦敦证券交易所的前身。巴黎证券交易所于1724年成立,目前是法国最大的证券交易所,也是世界著名证券交易所之一。日本最早的证券交易所是成立于1878年、以股份有限公司为组织形式的东京证券交易所。

（二）证券市场的发展历程

参考丁忠明和黄华继在其2013年《证券投资学》中的定义,从全球范围内来看,证券市场的发展大致可以划分为三个阶段。

第一阶段:自由放任阶段。从17世纪初到20世纪20年代,证券发行量迅速增长,但由于缺乏管理而带给人类一场空前的危机。20世纪初,资本主义从自由竞争阶段发展到垄断阶段,证券市场直接融资的特征能够有效促进资本积聚,顺应了资本主义经济发展的需要,从而获得了巨大发展。同时,证券结构也出现了变化,股票和公司债券分别取代公债和国库券占据了主要地位。但是由于缺乏对证券发行和交易的管理,当时的证券市场处于一个自由放任的状态。证券业呈现出无序竞争的局面,各种地方性市场和交易所市场鱼龙混杂,证券价格严重偏离其实际价值,证券欺诈和市场操纵时有发生,市场投机气氛十分严重。到1929年10月29日,资本主义世界发生了"黑色星期二",金融危机的直接表现形式就是各国证券市场的全面暴跌,并推动了经济危机的进一步扩大。在此次危机过后相当长的一段时间内,资本主义国家证券市场都没有得到有效的恢复和发展。

第二阶段:法治建设阶段。在经济大危机过后,各国政府意识到了加强对证券市场的监管的重要性。从20世纪30年代到60年代末,吸取前一时期证券市场自由放任带来的市场危机的经验教训,各国政府开始针对证券市场的发行、交易、信息披露和监督管理等方面展开全面的法律制定工作,各国证券业相关法律法规纷纷出台。这些证券法律和法规的制定使证券市场逐步走上了规范发展的道路。

第三阶段：迅速发展阶段。自 20 世纪 70 年代以来，随着发达国家经济规模化和集约化程度的提高、发展中国家经济的蓬勃兴起，以及计算机、通信和网络技术的进步，证券市场进入了迅速发展阶段，其作为资本市场核心及金融市场重要组成部分的地位由此确立。

二、证券市场的构成要素

证券市场参与者、证券交易工具和证券交易场所等三类要素构成了完整的证券市场。其中，证券市场参与者可以分为证券发行人、证券投资者、证券中介机构、证券监管机构和证券市场自律组织。

（一）证券发行人

证券发行人是证券市场的重要参与者，是指通过发行债券、股票等有价证券来筹集资金的发行主体，主要包括政府和政府机构、企业（公司）和金融机构。

1. 政府和政府机构

政府和政府机构是重要的证券发行主体之一，通过在证券市场上发行国债、地方政府债券、中央银行票据等金融工具，为弥补财政赤字、周转财政资金、支持大型公用事业项目建设、弥补战争费用等目的筹措资金。

2. 企业（公司）

企业（公司）进行直接融资主要有股权融资和债权融资两种方式。其中，通过公开发售或者私募发售股票具有长期性、不可逆性、无负担性，是企业（公司）筹措长期资本的主要途径之一，而长期公司债券由于偿还期限较长，也是企业（公司）长期资本的重要来源。发行短期债券则是除银行短期贷款、商业信用、票据融资等渠道以外，企业（公司）解决流动性问题的重要手段。

现代公司制企业中，只有股份有限公司才能发行股票并上市。上市公司的股票融资，可以划分为首次公开发行（initial public offering，IPO）和再融资。首次公开发行，是指拟上市公司获得发行资格之后，首次面向不特定的社会公众投资者公开发行股票并上市的行为。上市公司再融资，是指上市公司为达到增加资本和募集资金的目的而再次发行股票或可转债的行为，主要有向原股东配售股份（以下简称配股）、非公开发行股票（也称为定向增发）、向不特定对象公开募集股份（以下简称增发）、发行公司可转债等方式。

3. 金融机构

金融机构作为证券市场的发行主体之一，同样可以通过股权融资和债权融资两种方式募集资金。我国通常将银行及非银行金融机构发行的有价证券（但股份制金融机构发行的股票不包括在内）称为"金融证券"，一般是由国有商业银行、政策性银行及非银行金融机构发行的，筹集到的资金用于特种贷款和政策性贷款，不得挪作他用。

（二）证券投资者

证券投资者，是指以取得债券利息、现金股利或者买卖价差之间的资本收益为目的，参与有价证券交易活动，承担证券投资风险并行使证券权利的主体，是证券市场中的资金供给者。

证券市场投资者种类较多，既有个人投资者，也有机构投资者。各类投资者的目的也各不相同，有些偏重长期投资，意在获取高于银行利息的收益或者参与股份公司的经营管理；有些则偏重短线投资，通过买卖证券时机的选择赚取市场差价。众多证券市场投资者保证了证券发行和交易的连续性，是推动证券市场价格形成和流动的根本动力。

机构投资者，是指用自有资金或者从分散的公众手中筹集的资金进行有价证券投资活动的非自然人。发达国家的机构投资者主要是以有价证券投资收益作为其重要收入来源的投资银行、投资公司、共同基金、养老基金、保险公司、对冲基金、各种福利基金及金融财团等。

个人投资者，是指以社会自然人的身份从事证券投资活动的投资者。他们的投资行为具有灵活性、分散性、短期性、情绪化等特点，从数量上来讲，个人投资者是证券市场上最广泛的投资主体。个人投资者进入证券市场从事投资行为，应当满足一些基本条件，各国有关法律法规通常从财产状况、金融资产持有、专业知识和投资经验等方面对个人投资者是否具备投资资格做出要求。

（三）证券中介机构

证券中介机构，是指为证券的发行、交易提供服务的各类机构。通常把证券公司和证券服务机构合称为证券中介机构。

证券公司在证券市场中扮演着不可或缺的角色。一方面，证券公司是证券市场投融资服务的提供者，作为交易的第三方，为证券发行人和投资者提供专业化的中介服务，如证券经纪、投资咨询、保荐与承销等；另一方面，证券公司可以用自身的名义和资金参与证券买卖、获取盈利，是证券市场重要的机构投资者。

此外，证券公司还通过开展资产管理等业务，为投资者提供证券及其他金融产品的投资管理服务。

证券服务机构，是指依法设立的从事证券服务业务的法人机构，主要包括证券投资咨询机构、财务顾问机构、资信评级机构、资产评估机构、会计师事务所、律师事务所等。

（四）证券监管机构

证券监管机构是指依法设置的对证券发行与交易实施监督管理的机构，大致上可以分为政府监管机构和自律管理机构。

政府监管机构有设置独立机构管理和政府机构监管两种类型。独立机构管理是指在政府行政机构之外专门设置一个独立的证券监管机构，对全国证券市场行使集中统一监管的权力。行政机构管理是指由政府附属的行政机构对证券市场进行集中统一的监管。这种模式又可分为两种类型，一是在政府中设立专门的证券监管机构，二是由已有的政府机构兼管，我国属于前一种类型，对证券市场负有监督管理职责的政府机构是国务院领导下的中国证监会。

自律管理机构是通过制度公约、章程、准则、细则，对证券市场活动进行自我监管的组织。自律组织一般实行会员制，符合条件的证券经营机构及其他机构，可申请加入自律组织成为其会员，如证券同业公会、证券交易所等。

（五）证券市场自律组织

证券市场自律组织包括证券交易所、证券业协会等。

证券交易所是依据国家有关法律设立，为证券的集中竞价和有组织的交易提供场所设施，配备必要的管理和服务人员，并对证券交易进行周密的组织和严格的管理，实行自律管理的法人。从世界各国的情况看，证券交易所有公司制的营利性法人和会员制的非营利性法人，我国的证券交易所属于后一种。

证券业协会是证券业的自律性社会团体法人组织。证券业协会的权力机构是全体会员组成的会员大会，理事会为其执行机构。

（六）证券交易工具

证券市场的交易工具包括股票、债券、投资基金、金融衍生工具等。

股票是股份公司为筹集资金而发行给股东的持股凭证，股东可据此取得股息和红利，并代表股东对企业的所有权。这种所有权是一种综合权利，如参加股东大会、投票表决、参与公司的重大决策、收取股息或分享利润等。按照股东享有权利的不同，股票可以分为普通股票和特别股票，特别股票按照股东权利义务不同，又可以分为优先股、混合股、后配股、可转换股、可赎回股，等等；按照是否在股票上记载股东的姓名或名称，可以将股票分为记名股票和无记名股票；按照是否在股票票面上记载一定的金额，可以将其分为有面额股票和无面额股票。

债券是政府、企业等各类社会经济主体为筹集资金而向投资者发行的一类有价证券，最常见的模式是承诺按一定利率定期向投资者支付票面利息，并按照约定条件到期偿还本金。债券通常从债券的票面价值、偿还期限、票面利率、付息频率等方面对债权人和债务人的相关权利和责任做出详细规定。根据发行主体的不同，债券可以分为政府债券、金融债券和公司债券等类型；根据付息方式的不同，可以分为零息债券、付息债权、息票累积债券等；此外还可以根据利率是否固定、期限长短、发行方式等依据进行分类。

投资基金是指通过向投资者募集资金，形成独立基金财产，由专业投资机构（基金管理人）进行基金投资与管理，由基金托管人进行资产托管，由基金投资人共享投资收益、共担投资风险的一种集合投资方式。按照基金投资对象的不同，可以将投资基金分为证券投资基金和另类投资基金。投资基金具有集合资金、收益共享、专家管理、分散风险等特点。

金融衍生工具是指建立在基础资产或基础变量之上，价格取决于基础资产的价格或基础变量的数值的派生金融产品。金融衍生工具的标的资产可以是实物商品（如小麦、大豆、玉米等农副产品，金、银、铜、铝、钢等金属产品，原油、橡胶等化工产品），也可以是基础金融产品。其中，基础金融产品既可以是现货金融产品（如股票、债券、外汇、银行存单等），也可以是金融衍生工具。基础变量可以使用利率、汇率、通货膨胀率、股票市场指数等。根据产品形态，金融衍生工具可以分为独立衍生工具和嵌入式衍生工具；根据自身交易方法和特点，可以分为远期合约、期货、期权、互换和结构化金融衍生工具。

（七）证券交易场所

证券交易场所是供已发行证券进行流通转让的市场，按照资本市场的组织形式和交易活动是否集中统一，可以分为证券交易所和其他交易场所两大类。

证券交易所是有组织的市场，又称"场内交易市场"，是指在一定的场所、一定的时间，按一定的规则集中买卖已发行证券而形成的市场。证券交易所既不直接买卖证券，也不决定证券价格，而只为买卖证券的当事人提供场所和各种必要的条件及服务。

其他交易场所，是指证券交易所以外的证券交易市场，没有集中的交易场所和市场制度，因此也称为"场外交易市场"，主要是一对一交易，以交易非标准化的、私募类型的产品为主，包括柜台市场和一些集中性市场。

柜台市场在证券交易市场发展的早期是一种重要的形式，这种交易活动呈现出分散性的特征，其交易活动的开展方式与集中交易市场采取的委托买卖有很大不同。通常，在柜台上交易的证券，其买卖价格由开设柜台的金融机构报出，投资者根据金融机构柜台所报的买入价或卖出价进行柜台交易，即证券出售者将证券直接卖给柜台，证券购入者直接从柜台买入证券。所以金融机构的柜台既是证券交易的组织者，也是证券交易的直接参加者。随着证券交易市场的进一步发展，其他交易场所也出现了一些集中性的交易市场，如银行间债券市场、代办股份转让系统等。

第二节 我国证券市场的构成与特征

一、证券发行人

我国证券市场上的发行主体，主要包括政府及其机构、企业（公司）和金融机构。

《中国证券登记结算统计年鉴 2019》显示，截至 2019 年末，中国结算登记存管的上海证券交易所、深圳证券交易所的证券有国债 340 只，地方债 1446 只；股票发行人共 3781 家（其中，上海证券交易所 1574 家，深圳证券交易所 2207 家），债券发行人共 4050 家（其中，上海证券交易所 3191 家，深圳证券交易所 859 家），详细数据如表 1-1 所示。

表 1-1 2019 年末证券发行人家数

证券发行人家数	上海证券交易所/家	深圳证券交易所/家	合计/家
一、股票发行人家数	1574	2207	3781
1. 只发 A 股	1524	2160	3684
2. 只发 B 股	7	10	17
3. 既发 A 股又发 B 股	43	37	80
二、债券发行人家数	3191	859	4050
1. 政策性金融债家数	2	3	5
2. 发行企业债家数	1351	19	1370
3. 发行公司债家数	2125	298	2423
4. 发行可转债家数	101	130	231
5. 发行分离式可转债家数	0	0	0
6. 发行中小企业私募债家数	77	426	503

注：如果一家债券发行人发行两种以上债券，按一家债券发行人统计

二、证券投资者

根据投资者身份，可以将我国证券投资者分为个人投资者、一般法人、境内专业机构投资者和境外机构投资者四大类。

个人投资者，即自然人投资者，是除一般法人、境内专业机构投资者和境外机构投资者之外的投资者。

一般法人是具有产业资本属性的法人单位，包括非金融类企业法人、机关法人、事业单位法人、社会团体法人和其他法人。

境内专业机构投资者，参考《上海证券交易所分级基金业务管理指引》和《深圳证券交易所分级基金业务管理指引》的规定，是指证券公司、期货公司、基金管理公司及其子公司，保险机构、信托公司、财务公司、私募基金管理人等专业机构及其分支机构；社保基金、养老基金、企业年金、信托计划、资产管理计划、银行及保险理财产品，以及由第一项所列专业机构担任管理人的其他基金或者委托投资资产；监管机构及交易所规定的其他专业机构投资者。

境外机构投资者，包括以合格境外机构投资者（qualified foreign institutional investor，QFII）、人民币合格境外机构投资者（RMB qualified foreign institutional investor，RQFII）和陆股通渠道进入中国证券市场的境外投资者。

《中国证券登记结算统计年鉴 2019》显示，截至 2019 年 12 月 31 日，我国证券投资者共有 15 975.24 万，其中自然人投资者为 15 937.22 万（占比 99.76%），非自然人投资者为 38.02 万（占比 0.24%）。

三、证券中介机构

（一）证券公司

证券公司是指依照《中华人民共和国公司法》（以下简称《公司法》）和《中华人民共和国证券法》（以下简称《证券法》）的规定设立，并经国务院证券监督管理机构审查批准，取得经营证券业务许可证，具有独立法人地位的有限责任公司或者股份有限公司。

2019 年修订的《中华人民共和国证券法》（以下简称新《证券法》）①第一百二十条规定："经国务院证券监督管理机构核准，取得经营证券业务许可证，证券公司

① 后文涉及《证券法》详细条款的序号和内容均出自新《证券法》。

可以经营下列部分或者全部证券业务：（一）证券经纪；（二）证券投资咨询；（三）与证券交易、证券投资活动有关的财务顾问；（四）证券承销与保荐；（五）证券融资融券；（六）证券做市交易；（七）证券自营；（八）其他证券业务。"

（二）证券服务机构

证券服务机构，是指依法设立的从事证券服务业务的法人机构，主要包括证券投资咨询机构、财务顾问机构、资信评级机构、资产评估机构、会计师事务所、律师事务所等。

《证券法》对证券服务机构的法律责任、市场准入及退出机制等内容做出了明确规定。证券服务机构应当本着勤勉尽责的原则，在为证券的发行、上市、交易等活动出具相关文件时，对文件的真实性、准确性、完整性负有责任。国务院证券监督管理机构对证券服务机构的相关业务资格具有准入、监督、暂停、撤销的权利。

四、证券监管机构

经过 30 多年的发展，我国证券市场逐步形成了政府监管（主要是依托于国务院证券监督管理机构及其派出机构）和自律监管（主要是依托于证券交易所、行业协会和证券投资者保护基金）相结合的证券市场监督管理体系。

新《证券法》第一百六十八条规定了国务院证券监督管理机构依法对证券市场实行监督管理。国务院证券监督管理机构由中国证监会及其派出机构组成。

中国证监会成立于 1992 年，是国务院直属正部级事业单位，依照法律、法规和国务院授权，统一监督管理全国证券期货市场，维护证券期货市场秩序，保障其合法运行。中国证监会的核心职责是"两维护、一促进"，即"维护市场公开、公平、公正，维护投资者特别是中小投资者合法权益，促进资本市场健康发展"。

关于中国证监会派出机构，中国证监会在全国各省、自治区、直辖市和计划单列市设立 36 个证券监管局，以及上海、深圳证券监管专员办事处。2015 年《中国证监会派出机构监管职责规定》第五条规定了中国证监会派出机构的主要职责："（一）对辖区有关市场主体实施日常监管；（二）防范和处置辖区有关市场风险；（三）对证券期货违法违规行为实施调查、作出行政处罚；（四）证券期货投资者教育和保护；（五）法律、行政法规规定和中国证监会授权的其他职责。"

五、证券市场自律组织

（一）证券交易所

上海证券交易所成立于 1990 年 11 月 26 日，1990 年 12 月 19 日正式营业；深圳证券交易所 1990 年 12 月 1 日试营业，1991 年 7 月 3 日正式营业。

新《证券法》第九十六条规定："证券交易所、国务院批准的其他全国性证券交易场所为证券集中交易提供场所和设施，组织和监督证券交易，实行自律管理，依法登记，取得法人资格。"

中国证监会 2021 年 10 月 30 日发布修订后的《证券交易所管理办法》第七条规定了证券交易所的职能："（一）提供证券交易的场所、设施和服务；（二）制定和修改证券交易所的业务规则；（三）依法审核公开发行证券申请；（四）审核、安排证券上市交易，决定证券终止上市和重新上市；（五）提供非公开发行证券转让服务；（六）组织和监督证券交易；（七）对会员进行监管；（八）对证券上市交易公司及相关信息披露义务人进行监管；（九）对证券服务机构为证券上市、交易等提供服务的行为进行监管；（十）管理和公布市场信息；（十一）开展投资者教育和保护；（十二）法律、行政法规规定的以及中国证监会许可、授权或者委托的其他职能。"

（二）中国证券业协会

中国证券业协会成立于 1991 年 8 月 28 日，是依据《证券法》①和《社会团体登记管理条例》的有关规定设立的证券业自律性组织，具有独立法人地位。中国证券业协会采取会员制的组织形式，是非营利性的社会团体法人，由经营证券业务的金融机构自愿组成②。

证券业协会的权力机构为全体会员组成的会员大会，章程由会员大会制定。

---

① 新《证券法》第一百六十六条规定了证券业协会履行下列职责："（一）教育和组织会员及其从业人员遵守证券法律、行政法规，组织开展证券行业诚信建设，督促证券行业履行社会责任；（二）依法维护会员的合法权益，向证券监督管理机构反映会员的建议和要求；（三）督促会员开展投资者教育和保护活动，维护投资者合法权益；（四）制定和实施证券行业自律规则，监督、检查会员及其从业人员行为，对违反法律、行政法规、自律规则或者协会章程的，按照规定给予纪律处分或者实施其他自律管理措施；（五）制定证券行业业务规范，组织从业人员的业务培训；（六）组织会员就证券行业的发展、运作及有关内容进行研究，收集整理、发布证券相关信息，提供会员服务，组织行业交流，引导行业创新发展；（七）对会员之间、会员与客户之间发生的证券业务纠纷进行调解；（八）证券业协会章程规定的其他职责。"

② 新《证券法》第一百六十四条规定："证券公司应当加入证券业协会。"

证券业协会设理事会，理事会成员依章程的规定由选举产生。中国证券业协会实行会长负责制，会员如下。

（1）法定会员：是经中国证监会批准设立的证券公司。

（2）普通会员：是依法从事证券市场相关业务的证券资信评级机构、证券投资咨询机构、证券公司私募投资基金子公司、证券公司另类投资子公司等机构。

（3）特别会员：包括申请加入中国证券业协会的证券交易所，金融期货交易所，证券投资者保护基金公司，证券登记结算机构，融资融券转融通机构，各省、自治区、直辖市、计划单列市的证券业自律组织，依法设立的区域性股权市场运营机构，以及中国证券协会认可的其他机构。

（4）观察员：是指申请加入中国证券业协会的依法从事证券市场相关业务的信用增进机构、债券受托管理人、网下机构投资者、境外证券类驻华代表处等机构。

（三）证券投资者保护基金

2005年6月30日经国务院批准，中国证监会、财政部、中国人民银行联合发布了《证券投资者保护基金管理办法》[①]，同意设立国有独资的中国证券投资者保护基金有限责任公司（以下简称投保基金公司），并批准了公司章程。

《证券投资者保护基金管理办法》第七条规定了投保基金公司的职责："（一）筹集、管理和运作基金；（二）监测证券公司风险，参与证券公司风险处置工作；（三）证券公司被撤销、被关闭、破产或被证监会实施行政接管、托管经营等强制性监管措施时，按照国家有关政策规定对债权人予以偿付；（四）组织、参与被撤销、关闭或破产证券公司的清算工作；（五）管理和处分受偿资产，维护基金权益；（六）发现证券公司经营管理中出现可能危及投资者利益和证券市场安全的重大风险时，向证监会提出监管、处置建议；对证券公司运营中存在的风险隐患会同有关部门建立纠正机制；（七）国务院批准的其他职责。"

（四）中国证券登记结算有限责任公司

2001年3月30日，中国证券登记结算有限责任公司设立，公司是依据《公司法》和《证券法》设立的不以营利为目的的企业法人[②]。上海证券交易所、深圳证券交易所分别持有公司50%的股份。2001年10月1日起，上海证券交易所、

---

① 2016年4月19日经国务院批准，中国证监会、财政部、中国人民银行公布了修订后的《证券投资者保护基金管理办法》。下文引用的《证券投资者保护基金管理办法》规定均为2016年修订版内容。

② 新《证券法》第一百四十五条规定："证券登记结算机构为证券交易提供集中登记、存管与结算服务，不以营利为目的，依法登记，取得法人资格。"

深圳证券交易所承担的全部登记结算业务划归中国证券登记结算有限责任公司承担①，标志着全国集中统一运营的证券登记结算体制由此形成。

根据《公司法》和公司章程，公司设立股东会、董事会、监事会和经营管理层。公司总部内设 17 个部门，公司下设上海、深圳、北京三家分公司及中国证券登记结算（香港）有限公司、中证期证券期货业信息基地开发建设有限公司两家全资子公司。中国证监会是公司主管单位。

新《证券法》第一百四十七条规定了证券登记结算机构的职能："（一）证券账户、结算账户的设立；（二）证券的存管和过户；（三）证券持有人名册登记；（四）证券交易的清算和交收；（五）受发行人的委托派发证券权益；（六）办理与上述业务有关的查询、信息服务；（七）国务院证券监督管理机构批准的其他业务。"

六、证券交易工具

《中国证券登记结算统计年鉴 2019》显示，截至 2019 年末，中国结算登记存管的上海证券交易所、深圳证券交易所的证券 20 785 只。其中，A 股 3764 只，B 股 97 只，国债 340 只，地方债 1446 只，政策性金融债 16 只，企业债 1882 只，公司债 6541 只，可转债 223 只，中小企业私募债 809 只，封闭式基金 3 只，交易型开放式指数基金（exchange traded fund，ETF）283 只，上市型开放式基金（listed open-ended fund，LOF）719 只，实时申赎货币基金 9 只，资产证券化产品 4653 只。

截至 2019 年末，中国结算登记存管的上海证券交易所、深圳证券交易所的证券面值为 192 622.46 亿元。其中，非限售 A 股面值 5.33 万亿元，非限售 B 股面值 290.95 亿元，限售股面值 7814.79 亿元，国债面值 5933.29 亿元，地方债 4531.17 亿元，政策性金融债 1479.50 亿元，企业债 8151.83 亿元，公司债 77 343.73 亿元，可转债 3721.30 亿元，中小企业私募债 7577.82 亿元，封闭式基金面值 83.78 亿元，ETF 3597.01 亿元，LOF 840.03 亿元，实时申赎货币基金 177.40 亿元，资产证券化产品面值 17 756.94 亿元。

七、证券交易场所

按照资本市场的组织形式和交易活动是否集中统一，证券交易场所可以分为场内交易市场和场外交易市场两大类。

---

① 在 2001 年 10 月 1 日之前，中国的证券登记结算是由上海证券交易所成立的上海证券中央登记结算公司和深圳证券交易所成立的深圳证券登记有限公司，以及各自的地方证券登记结算公司完成的。

（一）场内交易市场

场内交易市场拥有固定的交易场所和交易时间，一般是指证券交易所市场。我国的场内交易市场包括上海证券交易所和深圳证券交易所的主板（包含中小板）、科创板、创业板，以及全国中小企业股份转让系统。

1. 主板市场（包含中小板）

主板市场，也叫作一板市场，是一个国家或地区证券发行、上市及交易的主要场所，对发行人的持续经营时间、资产质量、持续盈利能力、股本总额、内部控制、公司治理等方面具有较高的要求，能够在主板上市的企业大多是体量较大、发展较为成熟的企业。

上海证券交易所的主板市场、深圳证券交易所的主板市场和中小板市场[1]在我国证券市场中属于主板市场。

2. 科创板市场

我国经济已由高速增长阶段转向高质量发展阶段，在全球经济迈入知识经济时代的当下，拥有科研创新能力的企业将发挥更大作用。然而我国过高的发行上市门槛——特别是对盈利能力的要求，阻碍了中小企业在规模急剧扩张、打开并抢占市场的关键时期从资本市场获取融资支持，许多企业在等待融资机会的过程中延误了发展时机。不少科技企业由于早期无法满足 A 股市场对盈利指标的严格要求或存在同股不同权架构等原因，纷纷选择海外上市，国内投资者也遗憾地无法享受新经济发展的巨大红利。

2018 年 11 月 5 日，习近平在首届中国国际进口博览会开幕式上宣布"在上海证券交易所设立科创板并试点注册制"[2]的重大决策，标志着我国注册制改革正式进入启动实施的阶段，在我国资本市场发展史上具有里程碑式的意义。经党中央、国务院同意，中国证监会于 2019 年 1 月 28 日发布了《关于在上海证券交易所设立科创板并试点注册制的实施意见》（以下简称《实施意见》），明确了指导思想和基本原则、科创板定位[3]和多元包容的上市条件、股票发行注册中各方职责等内容。2019 年 7 月 22 日，首批科创板公司上市交易。

① 2004 年 5 月，经国务院批准，中国证监会批复同意深圳证券交易所在主板市场内设立中小板。2021 年 2 月 5 日，中国证监会批准深圳证券交易所主板与中小板合并。

② 《习近平出席首届中国国际进口博览会开幕式并发表主旨演讲》，http://jhsjk.people.cn/article/30382745[2021-12-07]。

③ 《实施意见》强调："在上交所新设科创板，坚持面向世界科技前沿、面向经济主战场、面向国家重大需求，主要服务于符合国家战略、突破关键核心技术、市场认可度高的科技创新企业。重点支持新一代信息技术、高端装备、新材料、新能源、节能环保以及生物医药等高新技术产业和战略性新兴产业，推动互联网、大数据、云计算、人工智能和制造业深度融合，引领中高端消费，推动质量变革、效率变革、动力变革。"

设立科创板并试点注册制，是我国长期以来资本市场改革的许多有益探索的结晶，是完善资本市场基础性制度的供给侧结构性改革，更是我国资本市场走向市场化、法治化、国际化的新起点。设立科创板并试点注册制可以增强资本市场对科技创新企业的包容性，提高金融服务实体经济的水平，同时探索注册制在发行、上市、交易信息披露、退市、事后监管等环节的制度设计，为扩大注册制试点乃至全面推行注册制积累经验和教训，进一步完善我国多层次资本市场体系，促进资本市场长期健康发展。

3. 创业板市场

2009年10月23日，我国创业板市场（又称为二板市场）在深圳证券交易所正式启动。创业板是为具有高成长性，但规模较小，业绩表现不十分突出，无法满足主板市场上市条件的成长型创业企业，特别是新能源、新材料、电子信息、生物医药、环保节能等新兴产业的创业型企业提供融资渠道的资本市场。创业板的设立不仅为成长型创业企业提供了便利的融资渠道，也为风险资金提供了退出窗口，还通过市场机制赋予企业合理的价值评估，激励知识与资本的结合，推动知识经济的发展。

《创业板改革并试点注册制总体实施方案》[①]要求在创业板实行注册制，推进发行、上市、信息披露、交易等基础性制度改革，构建符合创业板上市公司特点的持续监管规则体系。为此，中国证监会根据新《证券法》和《公司法》，按照市场化、法治化、国际化原则，充分借鉴在科创板推行注册制的改革经验，结合创业板板块定位、上市公司特点及存量改革的实际，制定了《创业板首次公开发行股票注册管理办法（试行）》《创业板上市公司证券发行注册管理办法（试行）》《创业板上市公司持续监管办法（试行）》等。这一举措是贯彻落实党中央、国务院关于推进注册制改革决策部署的重要措施，对于服务成长型创新创业企业，支持传统产业与新技术、新产业、新业态、新模式深度融合，支持有发展潜力、市场认可度高的优质创业板上市公司便捷融资，提高资本市场服务实体经济能力等具有重要意义。

4. 全国中小企业股份转让系统

全国中小企业股份转让系统，又被称为"新三板"，是经国务院批准设立的全国性的证券交易场所[②]，成立于2012年9月20日，主要为创新型、创业型、成长型中小微企业发展服务。它的成立是加快我国多层次资本市场建设发展的重要举措。

---

① 2020年4月27日，中央全面深化改革委员会第十三次会议审议通过。

② 2015年7月，中国证监业协会发布的《场外证券业务备案管理办法》中明确指出，全国中小企业股份转让系统不再属于场外交易市场。

根据《全国中小企业股份转让系统分层管理办法》，全国中小企业股份转让系统设置基础层、创新层和精选层，将符合不同条件的挂牌公司分别纳入不同市场层级管理。全国中小企业股份转让系统有限责任公司制定客观、差异化的各层级进入和调整条件，并据此调整挂牌公司所属市场层级。全国股转公司对挂牌公司所属市场层级实行定期和即时调整机制。

（二）场外交易市场

1. 区域性股权市场

根据《区域性股权市场监督管理试行办法》，区域性股权市场是"为其所在省级行政区域内中小微企业证券非公开发行、转让及相关活动提供设施与服务的场所"。除区域性股权市场外，地方其他各类交易场所不得组织证券发行和转让活动。

区域性股权市场是地方人民政府扶持中小微企业政策措施的综合运用平台，对于鼓励科技创新、激活民间资本、加强对实体经济薄弱环节的支持具有积极作用。

2. 券商柜台市场

券商柜台市场，是指证券公司为与特定交易对手方在集中交易场所之外进行交易或为投资者在集中交易场所之外进行交易提供服务的场所或平台。

根据中国证券业协会《证券公司柜台市场管理办法（试行）》："在柜台市场发行、销售与转让的产品包括但不限于以下私募产品：（一）证券公司及其子公司以非公开募集方式设立或者承销的资产管理计划、公司债务融资工具等产品；（二）银行、保险公司、信托公司等其他机构设立并通过证券公司发行、销售与转让的产品；（三）金融衍生品及中国证监会、协会认可的产品。"

证券公司可以采取协议、报价、做市、拍卖竞价、标购竞价等方式发行、销售与转让私募产品，不得采用集合竞价方式，法律、行政法规有明确规定的除外。

3. 机构间私募产品报价与服务系统

《机构间私募产品报价与服务系统管理办法（试行）》第二条规定："机构间私募产品报价与服务系统（以下简称'报价系统'），是指依据本办法为报价系统参与人（以下简称'参与人'）提供私募产品报价、发行、转让及相关服务的专业化电子平台。"

第五条规定："证券期货经营机构参与人可以通过报价系统开展柜台市场业务，直接创设或承销私募产品并按规定事后备案。报价系统可以为其创设或承销的私募产品提供发行、销售、转让等服务，证券期货经营机构参与人可以自行办理登记、托管、结算等业务。"

第七条规定："中国证券业协会（以下简称'证券业协会'）对报价系统进行

自律管理，中证机构间报价系统股份有限公司（以下简称'中证报价'）负责报价系统的日常运作和管理。"

4. 私募基金市场

根据《私募投资基金监督管理暂行办法》第二条："本办法所称私募投资基金（以下简称私募基金），是指在中华人民共和国境内，以非公开方式向投资者募集资金设立的投资基金。私募基金财产的投资包括买卖股票、股权、债券、期货、期权、基金份额及投资合同约定的其他投资标的。"

私募基金主要分为私募证券基金、创业投资基金、私募股权基金、其他类别私募基金四种。私募证券基金，主要投资于公开交易的股份有限公司股票、债券、期货、期权、基金份额，以及中国证监会规定的其他证券及衍生产品。创业投资基金，主要是对处于创业各阶段的成长型企业进行股权投资。私募股权基金，除创业投资基金以外主要投资于非公开交易的企业股权。其他类别私募基金，是指投资除证券及其衍生品和股权以外的其他领域。

八、我国证券市场的特征

（一）我国证券市场主体的特征

1. 投资者群体不断扩大，机构化程度提高

我国证券市场的投资者参与规模增长迅速。截至 2019 年 12 月 31 日，我国证券投资者共有 15 975.24 万，相较于 2015 年的 9910.53 万，增长了 61.19%。随着居民财富的提升和中等收入群体的增长，我国自然人投资者群体不断扩大，从 2015 年底的 9882.15 万增长到 2019 年底的 15 937.22 万[①]。与此同时，个人投资者通过专业机构投资资本市场进行财富管理的意愿也在不断增强。

虽然我国证券市场中个人投资者占总数的 95% 以上，但机构投资者正在发挥越来越重要的作用，A 股市场投资者结构逐步向机构化转变，机构投资者持股比例稳步上升。Wind 数据显示，截至 2020 年中，机构投资者持仓市值超过 30 万亿元，占 A 股总市值的 49.71%。其中，持仓市值占比最大的是一般法人机构，持有 A 股总市值的 37.85%；其次是公募基金、阳光私募、券商资管等主要的市场投资机构，持仓市值占比达 5.37%。市场机构化是我国资本市场走向成熟的重要特征，对引导价值投资和长期投资理念的形成、市场有效定价、优化资源配置、稳定金融市场等具有重要意义。

---

① 资料来源：中国结算网站。

2. 上市公司发展迅速，质量有待提高

30余年来我国证券市场发展迅猛，上市公司数量和规模不断增加。1990年12月19日上海证券交易所正式营业时仅有8只股票，1990年12月1日深圳证券交易所试营业时仅有5只股票。到2000年底，上海证券交易所、深圳证券交易所上市公司数量首次突破1000家，达到1088家，总市值为4.8万亿元。2010年底，上海证券交易所、深圳证券交易所上市公司数量首次突破2000家，达到2063家，总市值为26.54万亿元。在A股市场成立30周年之际，2020年9月，A股上市公司数量首次突破4000家，上海证券交易所、深圳证券交易所总市值达到77.26万亿元[①]。

总体来看，经过30多年的发展，我国上市公司数量显著增长、质量持续提升，已经成为我国建立现代企业制度最为规范的群体，在促进国民经济发展中的作用日益凸显。但也要看到，上市公司经营和治理不规范、发展质量不高等问题仍较突出：部分上市公司独立性不足，引发道德风险、治理失效、管控失灵、运作失序，财务造假、概念炒作、资金占用、违规担保等违法犯罪行为屡禁不止，直接损害了上市公司和投资者合法权益，破坏证券市场秩序，妨碍了市场的健康发展。

3. 中介机构履职不到位，专业不过关

中介机构的尽职尽责、恪守法规是证券市场上最重要的防线之一，中介机构较高的业务水平与专业素质不断推动着证券市场的持续发展。我国证券市场违规事件屡禁不止，与中介机构服务对象错位、缺乏道德自律等问题有很大关系。

长期以来，很多发行欺诈与上市公司财务造假案中，相关证券中介机构难脱干系。部分机构及从业人员缺乏职业操守，内控松散，管控失效，履职不力，把关不严，严重扰乱资本市场秩序，破坏行业生态。甚至有中介机构从资本市场"守门人"变成了上市公司实际控制人的"合谋者"。

近年来，被处罚的上市公司和中介机构数量大幅增加，监管层对中介机构的违法违规容忍度在下降。截至2020年9月27日，2020年证监系统对会计师事务所、券商、资产评估机构三大中介机构合计开出104份罚单，其中券商领罚单67份，占比64.4%[②]。

中介机构将通过正向激励、反向约束和监管处罚，推动生态不断改善，随着

①《A股上市公司达4000家 总市值超77万亿元》，http://news.cctv.com/2020/09/16/ARTIQ9jA443eTn6dvXjQl4Ji200916.shtml[2020-10-09]。

②《年内证监系统对中介机构开出104份罚单 券商占比64.4%》，http://www.cs.com.cn/tj/02/02/202009/t20200928_6098518.html[2020-10-09]。

监管层对中介机构的监管力度不断加大，中介机构违法违规成本不断增加，倒逼中介机构勤勉尽责，更好地服务资本市场，实现良性循环，有利于整体资本市场环境向好。新《证券法》的出台使中介机构提高其执业质量的外在压力、内在动力都进一步加强，中介机构有压力、有动力更为勤勉尽责，提高业务水平。

（二）我国证券市场基础制度的特征

1. 发行审核制度市场化改革不断推进①

1993 年，证券市场建立了全国统一的股票发行审核制度，并先后经历了行政主导的审批制（1993~1995 年"额度管理"阶段，1996~2000 年"指标管理"阶段）、市场化方向的核准制（2001~2004 年"通道制"阶段，2004②~2019 年"保荐制"阶段）和以信息披露为核心的注册制（2019 年③至今）三个阶段。

1993 年 4 月 22 日，国务院颁布了《股票发行与交易管理暂行条例》，标志着行政主导的审批制的正式确立。审批制下，中国证券市场股票发行先后经历了"额度管理"和"指标管理"两个阶段。虽然同是审批制，但"指标管理"相较于"额度管理"，行政管制趋于放松。

1999 年 7 月 1 日正式施行的《证券法》明确了核准制的法律地位，2001 年 3 月 17 日股票发行核准制下的"通道制"正式实施。2003 年 12 月颁布的《证券发行上市保荐制度暂行办法》等法规明确了股票发行核准制下的"保荐制"。与"通道制"相比，"保荐制"进一步放松了行政管制，但依然是实质审核，并未实现真正市场化。

十八届三中全会提出，推进股票发行注册制改革。注册制下，监管部门不再做实质性的审核，而是把发行的决定权交给市场。中国证券市场从核准制向注册制的过渡正式开启。2013 年 11 月，中国证监会发布《中国证监会关于进一步推进新股发行体制改革的意见》，注册制改革正式启动。直到 2018 年 11 月科创板诞生，注册制才正式落地。2019 年新《证券法》明确了我国资本市场将全面推行注册制，同时取消发行审核委员会制度。除了股票注册制改革分步实施以外，公司债发行也在贯彻落实新《证券法》相关规定，探索实施注册制。

---

① 资料来源：《中国总会计师》2015 年第 4 期《中国新股发行审核制度的历史演进》。

② 2004 年 2 月 1 日开始正式实施《证券发行上市保荐制度暂行办法》，标志着试行"保荐制"；2005 年 1 月 1 日中国证监会宣布废止"通道制"。因此"通道制"和"保荐制"在 2004 年同时存在。

③ 科创版是我国注册制的开始，相关规章条例大多是在 2019 年 3 月后陆续颁布，2019 年 6 月科创板正式开板。从实践上看，在 2019 年，我国同时存在注册制（科创板）和保荐制（上海证券交易所与深圳证券交易所主板、中小板、创业板），因此两个阶段在 2019 年存在重合。从法律层面上看，2019 年 12 月审议通过新《证券法》正式从法律层面上明确了注册制，并于 2020 年 3 月 1 日起施行。因此从是否有法律层面的文件来看，注册制是从 2020 年至今。但是考虑到科创板的重大影响，作者认为保留 2019 年时间端点重合是合适的。

2. 退市制度不断完善

1994 年《公司法》和 1999 年《证券法》搭建了退市制度的基本法律框架。

2001 年 2 月 22 日，中国证监会发布《亏损上市公司暂停上市和终止上市实施办法》，建立了以净利润为核心的退市标准，这是 A 股市场首部退市制度。

2012 年退市制度改革明确了市场化、法治化的原则，财务退市指标得以完善，面值退市指标首次推出。这标志着 A 股市场化和多元化的退市标准体系初步确立。

2014 年《关于改革完善并严格实施上市公司退市制度的若干意见》确立了主动退市和强制退市两大体系。

2018 年《关于修改〈关于改革完善并严格实施上市公司退市制度的若干意见〉的决定》完善了重大违法强制退市的 4 种主要情形，提高了相关标准的明确性和可操作性，强化了重大违法强制退市制度的执行力度。同时，也对重大违法强制退市的决定主体、实施程序做出了具体安排，保证决定过程的公开透明及决定的公正性和公信力。

2019 年上半年，作为科创板注册制改革的配套措施，科创板退市制度首次废除了暂停上市、恢复上市、重新上市的旧规。

2019 年新《证券法》优化了上市公司退市情形的规定，取消了对退市的具体要求，将退市标准交由证券交易所制定。

我国退市制度经过了不断完善，强化了市场优胜劣汰的属性，但目前与资本市场改革，特别是注册制改革的要求相比还有较大差距，必须深化退市制度改革，进一步完善退市标准，简化退市程序，强化退市监管力度，严格执行退市制度，形成"有进有出、优胜劣汰"的市场化、常态化退出机制。

3. 投资者保护力度不断加强

《2018 年度中国资本市场投资者保护状况白皮书》的调查结果显示，在投资者保护制度内设方面，我国证券市场中投资者保护制度体系日益完善，稽查执法工作机制进一步健全。创新企业境内发行股票或存托凭证业务投资者保护制度建设不断完善；证券期货纠纷多元化解机制与金融审判体系建设不断推进；与上市公司相关的退市、股份回购、停复牌等基础性制度日益完善。

虽然我国目前的投资者保护工作还有待进一步加强，但是近年来一系列的制度改革已经取得了较为显著的成效，我国投资者保护制度不再仅仅是框架性、原则性的规定，而是在总结投资者保护工作经验基础上，从完善投资者保护的相关法律法规、提高上市公司治理要求、提高上市公司信息披露的质量、严格证券经营机构监管和稽查执法力度、制定并实施多元化退市机制等方面，实现投资者保护工作的精细化、常态化、规范化和制度化。

第三节 证券市场监管的基本含义

一、证券市场监管的含义

证券市场监管，是指证券监管机关运用法律的、经济的及必要的行政手段，对证券的募集、发行、交易等行为，以及证券投资中介机构的行为进行监督与管理。

各国对证券市场的监管模式大体分为三种：一是政府集中管理型，即由政府依据法律法规对证券市场加以全面监管；二是自律性管理型，主要由证券交易所及证券交易商协会等机构管理证券市场，政府较少干预；三是中间性管理型，它既强调立法管理，又注重自律性管理。

二、政府证券监管权

参考高西庆（2002）和马洪雨（2008）的相关研究，对政府证券监管权进行介绍。

（一）政府证券监管权的含义

广义的证券监管权是指能够代表国家履行证券监管职能的机构和证券业自律机构，为了既定的监管目标，依法律授权或依据自律监管契约拥有的对证券市场各类主体及其行为进行监督和管理的综合性权力。

狭义的证券监管权是指政府证券监管权，指能代表国家履行证券监管职能的机构，为了维护证券市场的公平和效率，保护投资者合法权益，依法律授权拥有的对证券市场各类主体及其行为进行监督和管理、制定相应的法规和政策并监督其执行、对违反者给予处罚的权力。

（二）政府证券监管权的特征

第一，政府证券监管权的主体是所有能够代表国家履行证券监管职能的机构，无论该机构是传统的行政部门，还是性质上不属于行政机构的部门，如公司、事业单位等，只要能够代表国家行使政府公共管理职能，机构的性质不影响其作为政府证券监管权的主体资格。同时，该机构是否隶属于政府部门、是否向政府部门负责，是各国根据国情，结合对证券监管的目标、监管权力的制衡、监管部门的总体设计等因素综合考虑的结果，这些影响监管部门地位和独立性的因素，也不影响其成为政府证券监管权的主体。

第二，政府证券监管权的内容一般包括法规政策制定权、核准审批权、日常监督管理权、调查处罚权和采取强制措施的权力。其中，法规政策制定权是保证政府证券监管权合法行使的前提和依据。核准审批权，或称市场准入权的行使是维护证券市场参与主体质量的重要措施之一。调查处罚权是政府证券监管权有效行使的保障，也是政府证券监管权的核心。采取强制措施的权力是对违法者的有力震慑，也是提高执法效率的重要手段。

第三，政府证券监管权的对象是证券市场各类主体及其行为。自律监管机构及其行为也是政府证券监管的对象。政府证券监管权的对象按照不同的标准，可以有不同的种类：按行为的合法性与否，可以分为合法的证券行为和非法的证券行为；按照证券市场运行的过程，可以分为证券发行行为和证券交易行为；按照证券市场行为的主体，可以分为证券发行者的行为、投资者（机构投资者和个人投资者）的行为、中介机构的行为、证券交易所及其他自律机构的行为。

第四，根据权力的一般特征，政府证券监管权的行使必须依照法定的程序进行并接受监督，违法行使权力必须承担相应的法律责任。政府证券监管权本质上是一种行政权力，行政合法性原则要求权力的行使必须依照法定的程序进行，不得滥用。证券监管权的行使必须接受其他权力——立法权、司法权和社会舆论的监督与制约。在证券监管领域，维护证券市场的公平与效率、保护投资者的利益是监管的最终目标。

（三）政府证券监管权的类型

根据各国法律的规定和实践情况，政府证券监管权具有以下不同的类型。

1. 根据政府证券监管权来源的划分

依此标准，可以分为国会立法直接授权和政府部门法规间接授权两种模式。由国会立法，将政府证券监管权直接授予某一特定的机构或组织为直接授权，采取此种模式的国家有英国、德国、法国和日本。法律间接授权的模式，即法律不直接将政府证券监管权授予某一特定机构或组织，而是由政府行政部门根据自身职能的需要来确定某一机构承担法律规定的证券监管职责（高西庆，2002）。

2. 根据政府证券监管权主体地位和独立性划分

1）根据权力主体在国家机器中的位置划分

依此标准，政府证券监管权的主体分为不直接隶属于政府部门和隶属于政府部门两种模式。

一是不直接隶属于政府部门，而是通过国会立法建立超越"三权分立"的"独立机构"模式（高西庆，2002），如英国的金融服务管理局（Financial Service Authority，FSA）和法国的金融市场管理局（Autorité des Marchés Financiers，AMF）。二是隶属于政府部门，主要向政府负责的模式，典型代表为改革后的日本。中国证监会是国务院的直属事业单位。

2）根据权力主体在政府中位置的角度划分

依此标准，可以分为隶属于财政部或由财政部行使监管权、隶属于政府内其他经济管理部门或接受其监督和从属于中央银行三种类型。

一是隶属于财政部或由财政部行使监管权。例如，德国 2001 年设立的联邦金融服务监管局（Federal Financial Supervisory Authority，BaFin）受联邦财政部的法律监督和业务监督；日本在 1997 年金融厅设置于总理府内之前，由大藏省（即财政厅）负责对证券市场进行监管。二是隶属于政府内其他经济管理部门或接受其监督。例如，英国 1986 年成立的证券及投资管理局（Securities and Investment Board，SIB）由内阁贸易产业大臣负责，现在的金融服务管理局则接受财政部的监督。三是从属于中央银行。例如，德国 1994 年以前由中央银行对各金融机构实行监管；新加坡的金融管理局是新加坡的中央银行和政府金融管理机构。

3. 根据政府证券监管权主体性质划分

依此标准，可以划分为属于行政机构的政府监管部门和不属于行政机构的政府监管部门。一类属于行政机构的政府监管部门包括：德国 BaFin 属于联邦政府机构、日本金融厅直接隶属于总理府、韩国金融服务委员会（Financial Services Commission，FSC）为独立性政府机构。另一类性质上不属于行政机构，可能是事业单位、公司、法人，但能够代表国家履行证券监管职能，仍然被认为是政府监管机构，如中国证监会是事业单位，英国 FSA 作为有担保的有限公司是一个独立的非政府机构，法国 AMF 为独立于政府的法人机构。

这些影响政府证券监管部门性质的因素，不影响其成为政府证券监管权的主体。

4. 根据政府证券监管权的内容划分

政府证券监管权可以分为包含法规政策制定权、准司法权内涵的"超级"政府证券监管权（高西庆，2002），作为纯粹行政执法权的一般性政府证券监管权，以及包含法规制定权和纯粹行政执法权的政府证券监管权三种模式。

第四节　我国证券市场监管的主要内容与特征

一、我国证券市场监管的主要内容

（一）对证券发行上市的监管

1. 证券发行审核制度

世界主要的证券发行资格审核制度有注册制和核准制。

注册制是指证券发行人申请发行证券时，必须将法律法规要求公开的各种资料完全、准确地向证券主管机关呈报并申请注册。证券主管机关的职责是对申报文件的全面性、准确性、真实性和及时性做形式审查，不对发行人的资质进行实质性审核和价值判断。申报文件提交后，经过法定期间，主管机关若无异议，申请即自动生效。注册制是一种市场化的行为，将发行公司股票的良莠留给市场来决定，适合证券市场成熟和投资者素质较高的国家和地区。

核准制是指证券的发行不仅要以真实状况的充分公开为条件，而且必须符合证券管理机构制定的若干适于发行的实质条件。核准制的目的在于禁止质量差的证券公开发行，行政色彩较浓，适合市场发展不成熟、证券机构自律能力不强的国家和地区。

2019 年新《证券法》的主要修订内容之一是全面推行证券发行注册制度。目前我国证券发行处于核准制向注册制过渡阶段，经过科创板实行注册制的增量改革和创业板实行注册制的存量改革，我国逐步具备了全面推行注册制的条件。

2. 证券发行上市的信息公开制度

1）证券发行信息的公开

为了维护股东、债权人等投资者的合法权益，确保各类投资者拥有平等的获得信息的权利，促进证券市场资源配置功能的充分发挥，发行人应当充分披露投资者做出价值判断和投资决策所必需的信息，包括发行人的生产经营状况、行业竞争水平、管理层与其他核心人员情况、公司治理、发展目标、重大并购事项、重大关联交易、特殊风险警示等，确保信息披露的及时性、易得性，以及披露内容的真实、准确、完整。

2）证券上市信息的公开

上海证券交易所和深圳证券交易所对股票上市和债券上市的信息公开都做出了明确规定，要求发行人应当于股票（或者债券）上市前通过指定的信息披露渠道向社会公开披露上市公告书等相关文件，并将其备置于指定场所供公众查阅①。

3）违背信息披露规定的法律责任

随着市场不断壮大和投资者保护意识不断增强，我国相关法律法规对发行人、证券公司和其他证券服务机构等信息披露义务人不良行为的规定越发严格和丰富。新《证券法》通过大幅度扩大民事赔偿责任的范围并加大处罚力度、区分行政法律责任层次、扩展对相关责任人员的追究范围等，将追究行政法律

---

① 可参见《上海证券交易所股票上市规则（2019 年 4 月修订）》《深圳证券交易所创业板股票上市规则（2020 年修订）》《上海证券交易所公司债券上市规则（2018 年修订）》《深圳证券交易所公司债券上市规则（2018 年修订）》等文件。

责任、民事赔偿责任①和刑事责任相结合，震慑和打击证券市场上的信息披露违法行为。

（二）对证券交易的监管

1. 证券交易所的信息公开制度

《证券法》规定了证券交易所对于其组织开展的证券交易行为的信息披露负有监督责任。一是应当监督信息披露义务人的信息披露行为，二是需要监控和公布证券交易即时行情，及时报告异常交易情况。

《上海证券交易所章程》和《深圳证券交易所章程》均规定了证券交易所的业务范围及职能包括了对证券上市交易公司及相关信息披露义务人进行监管，管理和公布市场信息。

2. 对证券欺诈行为的监管

1）操纵市场

操纵市场是指某一单位或个人利用资金、信息等优势，采用不正当手段操纵或影响证券市场价格，诱导或者致使证券投资者盲目做出证券投资决定，从而为自身谋取利益或者转嫁风险的行为。

2）虚假陈述

虚假陈述是指具有信息公开义务的市场主体及其所属人员，对证券活动的事实、性质、前景、法律等重要事项做出不实、严重误导或重大遗漏的陈述，致使投资者在不明真相的情况下决策失误、发生损失的不法行为。

3）内幕交易

内幕交易，是指内幕信息的知情人②和非法获取内幕信息的人，以获取利

---

① 新《证券法》第八十五条规定："信息披露义务人未按照规定披露信息，或者公告的证券发行文件、定期报告、临时报告及其他信息披露资料存在虚假记载、误导性陈述或者重大遗漏，致使投资者在证券交易中遭受损失的，信息披露义务人应当承担赔偿责任；发行人的控股股东、实际控制人、董事、监事、高级管理人员和其他直接责任人员以及保荐人、承销的证券公司及其直接责任人员，应当与发行人承担连带赔偿责任，但是能够证明自己没有过错的除外。"

② 新《证券法》第五十一条规定："证券交易内幕信息的知情人包括：（一）发行人及其董事、监事、高级管理人员；（二）持有公司百分之五以上股份的股东及其董事、监事、高级管理人员，公司的实际控制人及其董事、监事、高级管理人员；（三）发行人控股或者实际控制的公司及其董事、监事、高级管理人员；（四）由于所任公司职务或者因与公司业务往来可以获取公司有关内幕信息的人员；（五）上市公司收购人或者重大资产交易方及其控股股东、实际控制人、董事、监事和高级管理人员；（六）因职务、工作可以获取内幕信息的证券交易场所、证券公司、证券登记结算机构、证券服务机构的有关人员；（七）因职责、工作可以获取内幕信息的证券监督管理机构工作人员；（八）因法定职责对证券的发行、交易或者对上市公司及其收购、重大资产交易进行管理可以获取内幕信息的有关主管部门、监管机构的工作人员；（九）国务院证券监督管理机构规定的可以获取内幕信息的其他人员。"

益或减少经济损失为目的，利用内幕信息①进行有价证券交易，或泄露该信息的行为。

（三）对上市公司的监管

1. 信息披露监管

为确保投资者对上市公司财务状况、生产经营等方面的知情权，加强对上市公司的监管，《证券法》对上市公司的定期报告（年度报告、中期报告和季度报告）和重大事件临时报告的信息披露义务做出了明确规定。此外，为了规范上市公司主动沟通投资者时的信息披露行为，为上市公司自愿性信息披露提供法律保护，《证券法》还对上市公司的自愿性信息披露做出了规定，上海证券交易所和深圳证券交易所分别对上市公司的自愿性信息披露行为提出了具体规定。

此外，对上市公司信息披露的监管内容还包括对内幕信息的管理，公司董事、监事、高级管理人员（以下简称高管）、实际控制人等信息披露义务人应当履行的职责和义务等内容②。

2. 公司治理监管

为规范上市公司行为，推动现代企业制度在中国资本市场的建立和完善，提高上市公司生产经营活动的规范性和科学性，我国证券监管部门对上市公司应当遵循的公司治理基本原则和应当达到的公司治理水平提出了明确要求。

例如，《证券法》明确提出，上市公司在财务状况、公司治理等方面须达到一定标准才可以申请证券上市交易。2002年中国证监会发布《上市公司治理准则》，2018年对其进行修订，要求上市公司应当贯彻准则所阐述的精神，尊重利益相关者的基本权益，积极履行社会责任，强化内部和外部的监督制衡，改善公司治理。

（四）对证券经营机构的监管

1. 证券经营机构准入监管

《证券法》明确规定了证券公司的设立条件。法律对我国证券公司的主要股东及实际控制人的财务和违法状况、管理层和从业人员的资格、风险管理与内部控制制度、基本硬件条件等内容提出了严格的要求，在此基础上，证券公司需经过国务院证券监督管理机构批准方可设立。

---

① 新《证券法》第五十二条规定："证券交易活动中，涉及发行人的经营、财务或者对该发行人证券的市场价格有重大影响的尚未公开的信息，为内幕信息。"

② 可参见《上市公司信息披露管理办法》。

2. 对证券公司业务的核准

新《证券法》规定了证券公司可以经营的证券业务类型,第一百二十一条规定了经营各项业务的最低实缴注册资本。

3. 对证券公司的日常监管的主要形式

证券监管机构对证券公司的日常监管,分为现场监管和非现场监管两种方式。现场监管是证券监管机构的工作人员直接到证券公司的经营场所,通过现场检查方式检查证券公司经营的合规性、正常性和安全性情况,并采取相应监管措施的监管方式。非现场监管主要是证券监管机构对证券公司及其股东、实际控制人报送的信息和资料进行统计分析,并采取相应监管措施的监管方式。

(五)对证券从业人员的监管

中国证券业协会对证券从业人员的执业资格获取和管理、后续职业培训、职业道德准则、行为准则等都做了详细规定。

特别地,《证券业从业人员执业行为准则》[1]规定,证券业从业人员不得从事以下活动:"(一)从事内幕交易或利用未公开信息交易活动,泄露利用工作便利获取的内幕信息或其他未公开信息,或明示、暗示他人从事内幕交易活动;(二)利用资金优势、持股优势和信息优势,单独或者合谋串通,影响证券交易价格或交易量,误导和干扰市场;(三)编造、传播虚假信息或做出虚假陈述或信息误导,扰乱证券市场;(四)损害社会公共利益、所在机构或者他人的合法权益;(五)从事与其履行职责有利益冲突的业务;(六)接受利益相关方的贿赂或对其进行贿赂,如接受或赠送礼物、回扣、补偿或报酬等,或从事可能导致与投资者或所在机构之间产生利益冲突的活动;(七)买卖法律明文禁止买卖的证券;(八)利用工作之便向任何机构和个人输送利益,损害客户和所在机构利益;(九)违规向客户做出投资不受损失或保证最低收益的承诺;(十)隐匿、伪造、篡改或者毁损交易记录;(十一)中国证监会、协会禁止的其他行为。"

(六)对投资者的监管

1. 对投资者证券投资行为合法性的约束

《证券法》对证券投资者交易行为的合法性做出了诸多约束,包括证券来源的

合法性①、资金来源的合法性②、交易渠道的合法性③、交易资格的合法性④等。

2. 对党员干部证券投资行为的约束

证券市场是我国社会主义市场经济体系的重要组成部分,党政机关工作人员将其合法财产以合法的方式投资于证券市场,是对国家建设的支持。党员干部可以从事正当的证券交易活动,但是不能违反有关规定。《中国共产党纪律处分条例》及《关于党政机关工作人员个人证券投资行为若干规定》等为党员干部证券投资行为划出了红线,广大党员干部不可有以下行为:①收送有价证券、股权;②违规拥有非上市公司股份;③违规在国外投资入股;④内幕交易或者泄露内幕信息;⑤公款或者违规借用资金炒股;⑥隐瞒个人持股情况;⑦特定人群买卖股票⑤。

3. 对未成年人证券投资行为的约束

根据《中国证券登记结算有限责任公司证券账户业务指南》,未成年人开立的证券账户,只能用于遗产继承和对证券资产的处分等用途,开户代理机构应当采取技术手段对其买入证券等投资行为进行适当的限制。

4. 对机构投资者证券投资行为的约束

我国证券法律法规要求审查机构投资者购买证券资金与买入的证券是否一致,严禁私下串通,内外勾结,同时买卖一种证券,制造虚假供求等扰乱市场秩序、破坏公平交易原则、侵犯投资者利益的违法违规行为。

二、我国证券市场监管的主要特征

(一)实行以政府监管为主导、自律监管为辅的监管体系

1. 强调集中管理

1992 年以前,我国证券市场监管呈现多头监管格局,以中国人民银行为主导,

---

① 新《证券法》第三十五条规定:"证券交易当事人依法买卖的证券,必须是依法发行并交付的证券。非依法发行的证券,不得买卖。"

② 新《证券法》第五十九条规定:"禁止投资者违规利用财政资金、银行信贷资金买卖证券。"

③ 新《证券法》第五十八条规定:"任何单位和个人不得违反规定,出借自己的证券账户或者借用他人的证券账户从事证券交易。"

④ 新《证券法》第四十条规定:"证券交易场所、证券公司和证券登记结算机构的从业人员,证券监督管理机构的工作人员以及法律、行政法规规定禁止参与股票交易的其他人员,在任职或者法定限期内,不得直接或者以化名、借他人名义持有、买卖股票或者其他具有股权性质的证券,也不得收受他人赠送的股票或者其他具有股权性质的证券。任何人在成为前款所列人员时,其原已持有的股票或者其他具有股权性质的证券,必须依法转让。实施股权激励计划或者员工持股计划的证券公司的从业人员,可以按照国务院证券监督管理机构的规定持有、卖出本公司股票或者其他具有股权性质的证券。"

⑤《@党员干部:"股事"有风险,这些红线莫触犯》,http://www.ccdi.gov.cn/yaowen/201906/t20190624_196042.html [2020-10-20]。

国家计划委员会、财政部、国家经济体制改革委员会等多方参与。1992 年 10 月，国务院决定成立国务院证券委员会（以下简称证券委）和中国证监会，统一监管全国证券市场，其中证券委为证券市场主管机构，中国证监会为具体执行机构。1996 年 3 月，中国证监会授权部分省、自治区、直辖市、计划单列市和省会城市的证券期货监管部门对证券和期货市场承担部分监管职责，至此形成中央和地方分级监管的全国证券监管体系（赵丽莉，2009）。

1999 年 7 月 1 日正式实施的《证券法》是我国证券市场集中监管进程的一项重要成果。根据《证券法》的要求，证券委的职能、中国人民银行履行的证券业监管职能及地方政府的监管职能转入中国证监会。至此，我国初步形成了以证券交易所为一线管理机构，中国证监会为核心机构的集中化管理模式。

2. 重视政府监管

我国证券市场是在由计划经济体制向市场经济体制转型过程中发展起来的。这一时期，国有企业的经营机制尚未根本转变，全国统一的市场体系尚未建立，政企尚未确实分开，市场宏观调控手段有待完善，经济法规不健全，造成证券市场发育不完全，市场主体行为不规范，市场调控机制（包括约束机制、竞争机制、价格体制、信息传导与反馈机制）不健全（张霓，2000）。在此情况下，政府可以在弥补市场失灵、创造和培育市场机制、克服市场盲目性和破坏性方面起到重要作用。因此，政府必须创造和维护有利的市场环境，加快财政体制、投资体制、金融体制和企业体制等方面的配套改革，利用各种方式和手段，促进证券市场的健康发展。《证券法》明确规定了国务院证券监督管理机构依法对全国证券市场实行集中统一监督管理。国务院证券监督管理机构根据需要可以设立派出机构，按照授权履行监督管理职责。

3. 强调实质监管

中国证券市场发展时间较短，投资者中散户多、风险意识差、风险识别能力弱，机构投资者不发达，市场投机性强。在这样的市场中，一些普通投资者的证券产品的信息处理能力、市场判断能力、风险化解与承担能力等都存在极大缺陷（蒋大兴，2014）。因此，多年以来我国证券监管部门实行核准制，在证券发行的审核过程中替代投资者的角色，注重对发行人的持续盈利能力进行实质性判断。

尽管 2019 年新《证券法》取消了发审委制度，但考虑到我国证券市场发展时间比较短，市场机制尚不成熟，相关法律制度还不够完善，目前我国的注册制仍然需要负责股票发行注册审核的部门对发行企业提出一些实质性要求，并发挥一定的把关作用。

（二）法治建设不断加强

多年来我国证券市场监管体系不断推进法治化建设，为维护投资者合法权益和证券市场平稳运行提供了坚强的法治保障。我国正在逐步完善以公开透明为核心的市场监管法治化建设，使证券监管更符合证券市场运行规律，适应证券市场的发展需要（杨峰，2016）。

1998 年颁布的《证券法》以法律形式确认了证券市场的地位，奠定了我国证券市场基本的法律框架。2002 年 12 月，中国证监会颁布并施行《合格境外机构投资者境内证券投资管理暂行办法》，这标志着我国 QFII 制度正式启动。2003 年 10 月 28 日通过的《中华人民共和国证券投资基金法》，为大力培育机构投资者、促进证券市场的规范发展和对外开放提供了法律保障。2007 年 6 月发布的《证券公司分类监管工作指引（试行）》对证券公司的风险管理提出了更高的要求。

股权分置改革、中小板、创业板、新三板、股指期货、转融资、转融券、券商资管行业管制放松等制度创新、业务创新和产品创新，极大地促进了我国证券业的发展，也使资本市场内风险不断积累。2015 年监管层颁布政策抑制金融杠杆的增加，在股市和债市相继走熊之后，中国证监会监管思路由鼓励创新变为稳中求进，去杠杆、引导资金脱虚向实成为证券业乃至金融行业的主旋律。2016 年起，中国人民银行等多部委颁布一系列政策，引导资金脱虚向实，共同推进资管行业供给侧结构性改革。2016 年 7 月，中国证监会颁布《证券期货经营机构私募资产管理业务运作管理暂行规定》，2018 年 4 月 27 日颁布《关于规范金融机构资产管理业务的指导意见》，使券商资产管理业务进入主动管理规范发展时代。

2019 年新《证券法》规定全面推行证券发行注册制度。注册制改革将彻底改变我国证券发行审批体制，证券发行市场化迈出了决定性的一步。建立健全多层次资本市场是多年来理论界和证券业界呼吁的课题，新《证券法》首次以法律形式明确界定资本市场的层次、定位、功能，将为我国未来资本市场的健康发展奠定重要基础。扩大证券法适用范围则适应了近年来国内资产管理行业、资产证券化市场发展的最新需要，厘清了实际操作中的模糊地带，有利于未来资产管理行业的健康发展。

（三）市场化进程不断推进

30 多年来，从强力干预到日趋市场化，再从完善市场机制到敬畏市场，我国证券市场监管理念和监管制度日趋完善。

上海证券交易所和深圳证券交易所的成立，标志着中国证券市场发展历程的开始。经过 20 世纪 90 年代近十年的发展，我国证券市场在取得巨大成绩的同时，也积累了许多问题，一系列阻碍证券市场健康发展的尖锐矛盾日益暴露出来，使得管理层不得不重新审视证券市场的功能定位及制度化建设，政府干预股指的意识淡化，开始提出市场化、规范化、国际化等概念，逐渐强化信息披露、对市场违规行为进行打击，并对投资者利益进行保护（尹海员和李忠民，2011）。

1998年底《证券法》审议通过，标志着证券市场在我国社会主义市场经济中的重要地位得到了法律确认，也标志着在经济体制转轨时期，监管理念更加遵循法律准绳。监管部门开始意识到，股市要更好地为社会主义市场经济服务，"有形之手"应该做到有所为、有所不为，避免出现过度干预，使股市完全变成"政策市"。市场化监管理念开始酝酿发展。

2001年，我国加入世界贸易组织至今，证券市场步入全面开放的新局面。在内外部力量共同推动下，监管理念开始转向更多地依靠市场"无形之手"解决问题。2001年4月1日，证券发行审批制被核准制取代。2004年5月，深圳证券交易所设立中小企业板。之后，中国证券市场不断探索市场化退出机制，上市公司退市开始出现。2005年4月《关于上市公司股权分置改革试点有关问题的通知》标志着股权分置改革正式启动。2009年10月创业板的推出标志着我国多层次资本市场体系框架基本建成。

《中共中央关于全面深化改革若干重大问题的决定》[①]指出："经济体制改革是全面深化改革的重点，核心问题是处理好政府和市场的关系，使市场在资源配置中起决定性作用和更好发挥政府作用。"党的十八大以来，明晟、富时罗素等国际知名指数先后纳入A股并提高纳入比例，设立科创板并试点注册制扎实推进，监管理念更加开放、包容、国际化。

2019年新《证券法》规定了要以全面推行注册制为证券发行的基本定位，不再规定核准制，取消发审委，并对公司债券的发行条件大幅度简化。注册制是证券发行市场化的重要体现，降低了公司短期盈利指标门槛，加强了对申请人信息披露的监管，增强了债券市场的透明度与公信力，更大程度地满足了投资者选择金融产品的知情权与自主性。与之相应的是，新《证券法》进一步对发行人、证券服务机构、证券监管机构等市场主体提出了更为严格的法律主体归责与处罚裁量标准。

优化监管理念，应当立足我国实际，做到敬畏市场，坚持按市场规律办事，科学把握和正确处理政府与市场的关系，政府把"不该管的"放权于市场，把"该管的"管住管好，推进我国资本市场健康发展。

---

① 2013年11月12日，中国共产党第十八届中央委员会第三次全体会议通过《中共中央关于全面深化改革若干重大问题的决定》，2013年11月15日，该决定正式发布。

第二章 公司治理的理论基础及文献述评

第一节 公司治理的理论基础

本书采取了李维安等（2019）对公司治理的定义：公司治理，是指通过一套包括正式或非正式的、内部或外部的制度或机制来协调公司与所有利益相关者之间的利益关系，以保证公司决策的科学化，从而最终维护公司各方面的利益的一种制度安排。

一、公司治理的起源

公司治理问题产生的逻辑起点是公司制企业的出现，了解企业制度的各个发展阶段及其特点有助于加深对公司治理的理解。

（一）企业制度的演变

企业制度发展至今，随着生产经营活动的规模扩大化、业务专业化、融资渠道多元化，主要经历了三种典型的组织形式：个人独资企业、合伙企业和公司制企业。

1. 个人独资企业

个人独资企业，也被称为业主制企业，是指由自然人个人出资经营，财产归个人所有和控制，由个人享有全部经营收益和承担所有经营风险，并且以业主的个人财产对企业债务承担无限责任的企业组织形式。它作为最早出现、最简单的企业制度形式，使生产经营活动突破了家庭的界限，生产规模的扩大又推动了社会分工的发展，从而大大提高了劳动生产率，推动了技术进步和市场升级，对社会经济发展具有重要意义。

这种企业组织形式的优点有：①设立和解散程序简单，外部法律约束较小；②企业所有权和经营自主权高度统一，且企业全部经营所得由业主个人享有，有助于充分调动业主的积极性；③企业收益以个人所得的形式纳税，税收负担小。

它的缺点是：①企业存续能力差，企业寿命高度受限于业主个人寿命、经营意愿和经营能力等；②企业可用的资金规模受限于业主资产规模，并且对外筹措资金困难，限制了企业生产经营规模的扩张；③业主以其个人财产对企业债务承担无限责任，经营风险较大，业主难以承受经营失败的后果，而创新活动具有高风险、高回报的特征，因此个人独资企业制度下，业主缺乏创新的动力。以上特点使得企业抵御经营风险和经济压力的能力较弱，难以发展壮大，逐步被合伙企业和公司制企业取代。

2. 合伙企业

合伙企业是指由两个或两个以上合伙人，经全体协商一致后以书面形式订立合伙协议，共同出资、合伙经营、共享收益、共担风险，并对企业债务承担无限连带责任的企业组织形式。

这种企业组织形式的优点有：①与个人独资企业相比，合伙企业更有利于将各个合伙人拥有的人才、技术、资本、土地资源等优势整合共享、合理配置，为企业规模扩张提供了可能；②合伙企业由多名合伙人共同经营、共负盈亏，能够群策群力，充分调动众多合伙人的积极性和发挥各自在知识、经验和阅历等方面的优势，提高企业经营管理水平和存续能力；③企业债务由全部（普通）合伙人共同承担无限连带责任，分散到每个人的风险和责任相对较小，企业抵御风险的能力相对于个人独资企业来说有所提高；④不以企业作为统一纳税单位征收所得税，合伙人从企业分到的盈利以个人所得税的形式缴纳，税收负担小。

它的缺点是：①所有合伙人都有权参与企业经营决策，可能会造成决策延迟或失误，错失发展机会；②新合伙人入伙和原有合伙人退伙或转让所有权时，须经全体合伙人一致同意，有时还需要重新订立合伙协议，使得合伙企业的所有权转让较为困难；③合伙人对企业债务承担无限连带责任，即当某一合伙人的资产不足以偿还其应分担的债务时，其他合伙人有责任替其偿还。

合伙企业在实质上并没有突破个人独资企业对企业发展的种种限制，无法满足市场对大规模生产的需要，也不能适应经济活动中日益复杂的权责关系，因此逐渐被公司制企业取代。

3. 公司制企业

公司制企业是指按照法律规定，由法定人数以上的投资者（或股东）出资建立、自主经营、自负盈亏的营利性法人组织，主要包括有限责任公司和股份有限公司两种形式。

公司的萌芽早在古罗马时期就已经出现。随着 14～16 世纪欧洲航海技术的进步，新大陆的发现和新航线的开辟刺激了远洋贸易的发展。为了占领海外广阔的市场，西欧各国重商主义政府纷纷通过特殊许可建立了一批大型企业专门从事远洋贸易活动（张仁德和段文斌，1999）。1602年成立的荷兰东印度公司是第一家基于永久性股本的股份制公司。由于公司这一企业组织形式在聚集社会资本上具有无比的优势，18世纪到19世纪欧美各国先后掀起的"运河热"和"铁路热"产生了大量的运河公司和铁路公司。此后随着技术进步和市场竞争加剧，公司的数量激增，其行业分布和规模都日益扩大，逐渐成为现代社会主流的企业组织形式。

公司制企业的优点有：①公司具有法人地位，依法独立享有民事权利和承担民事义务，突破了自然人寿命等因素对企业存续能力的限制，理论上可以无限存续；②股份可以自由转让，无须经过其他股东的同意，所有权的流动性大大增强；③股东以其出资额为限对企业债务承担有限责任，极大降低了投资者承担的风险。上述优点使得公司制企业对资本具备强烈的吸引力，解决了企业发展的资金问题。

它的缺点是：①企业作为独立法人，其利润在分配给股东之前需缴纳企业所得税，股东从企业取得利润分配后还需为此缴纳个人所得税，即双重课税；②公司制企业的组织架构复杂、利益相关者众多，在设立、日常管理和破产清算等方面面临更严格的法律要求和政府监管，需要付出更高的成本；③公司制企业的所有权属于股东而经营权属于职业经理人，两权分离下可能带来信息不对称问题，进而导致严重的委托代理问题，对股东和其他利益相关者的利益造成损害。

（二）公司治理问题的产生

面对生产规模的不断扩大和社会分工的精细化程度加深，公司仅仅依靠所有者的管理意识和直觉已经难以应对动态多变的经济环境，各项生产经营活动及其协调管理工作日趋复杂，公司的所有者通常不再直接参与到公司的经营管理中去，而是将经营权委托给职业经理人，由其代为经营企业，"经理阶层"应运而生。公司控制权逐渐从所有者手中转移到具备专业知识、丰富经验和领导才能的职业经理人手中，形成了公司制企业所有权与经营权分离的格局。所有权和经营权分离条件下的委托代理问题及不完全契约的客观存在引发了公司治理问题。

在股东与经理人的委托代理关系中，股东是处于信息劣势的委托方，经理人是处于信息优势的代理方。股东的目标是实现自身财富最大化，而经理人则可能去追求高薪酬、低风险、工作闲暇、个人荣誉和社会地位等能够实现其个人利益最大化的目标。双方之间存在利益目标不完全一致的情况，经理人就有可能利用其信息优势，背离股东的利益，采取机会主义行为，发生逆向选择和道德风险问题，损害公司利益。例如，经理人在职消费，贪污受贿，转移公司财产，不尽力工作，通过内幕交易攫取财富，为了稳定而放弃高风险、高收益的项目，或者为了提高自身权利地位采取激进冒险的发展计划而不考虑企业的长期发展等。为了消除信息不对称带来的逆向选择和道德风险问题，股东通常试图建立起有效的激励约束机制，采用监督的方式减少经理人违背股东意愿的行为，并通过将薪酬与业绩挂钩、授予股票期权等激励方式使经理人的个人利益与股东利益趋于一致，缓解委托代理问题。

此外，股权分散化也是导致公司治理问题的原因之一。资本市场的迅速发展使得公司的股权结构经历了由少数人持股到公众持股的演变，尽管这种变化意味着公司使个人投资者也能参与其中，进而更好地吸收和利用社会闲散资金，但同时也对公司的经营管理产生了一定不利影响。众多的股东人数意味着分散的股权，因此想要就某一事项达成一致意见需要付出较高的沟通成本。此外，大量的小股东既不具备参与公司经营决策和监督经理人行为的能力，也缺乏这样做的动力。由于持股比例过低，众多小股东在股东大会上很难发出自己的声音，难以插手公司的重大决策，又因为成本远高于收益而拒绝付出时间精力去监督公司高管的行为，这种情况下公司的控制权牢牢把握在大股东手中，中小股东对大股东侵害自身利益的行为无力阻止，从而产生一系列公司治理问题。

二、公司治理的相关理论

（一）委托代理理论

委托代理理论是现代契约理论的重要分支之一，也被称为完全契约理论。在不对称信息和分离的风险偏好的条件下，完全理性的行为人在交易过程中需要通过事前的激励性安排写入一个精密的契约。

王涛和赵守国（2005）认为，不对称信息条件导致了契约设计过程中存在风险和激励的最优分配，因此完全契约理论更加注重契约的监督成本和激励机制的成本。委托代理理论就是研究在信息不对称情况下委托人和代理人如何围绕风险和激励设计契约，以及如何规范当事人的行为问题。从这个角度看，公司治理就是为解决企业内部委托代理问题而存在的一系列制度设计。企业内部存在双重委托代理关系。

一是股东和经理人之间的委托代理关系。股东和经理人之间存在严重的信息不对称，可能引发经理人的机会主义行为，带来逆向选择和道德风险问题。二者目标函数不一致、风险偏好不同，股东希望经理人努力工作为自己实现财富最大化，而经理人可能更加倾向于降低工作强度、在职消费、贪污受贿、过度投资等为自身争取利益的行为。股东为消除信息不对称带来的逆向选择和道德风险问题，需要事前设计有效的激励和监督机制，以改善代理效果和减少代理成本。

二是大股东与中小股东之间的委托代理关系。中小股东由于付出与回报不对等，很少投入大量资源监督公司的经营活动，往往通过"搭便车"的方式分享大股东监督下公司创造的价值，实际上将部分权力让渡给了大股东。此外，资本多数决定原则①使多数股份的持有者意志上升为公司意志，在以股权相对集中或高度集中为特征的公司中，控股股东依靠这一原则操纵董事会成员的选任，使代表其利益的董事占据多数席位。因此董事会在名义上代表全体股东的利益，但由于控股股东掌握着董事会的任免权，董事会实质上代表的是控股股东的利益。这种情况下，大股东具备了掠夺公司财富、侵占中小股东利益的可能性。中小股东参与公司事务较少，与大股东相比处于明显的信息弱势，信息不对称使中小股东不易分辨收益的波动是来自正常的风险还是源于大股东的侵害行为，因此也无法及时做出反应和维护自身合法权益。因此，大股东与中小股东之间的委托代理关系也是公司治理关注的重点问题。

（二）不完全契约理论

不完全契约理论由 Grossman 和 Hart（1986）、Hart 和 Moore（1990）等共同创立，因而这一理论又被称为 GHM 理论或 GHM 模型。国内学者一般把他们的理论称为不完全合约理论或不完全契约理论。

在代理关系中，如果能够掌握完全信息，并且预测到将来可能发生的所有情况，据此规定每一种可能情况下经理人应当采取的特定行动，委托人就能通过设计一份"完全契约"来明确未来所有可能情况下各方权利和义务，消除所有可能产生的委托代理问题。然而现实中作为委托人的股东和作为代理人的经理人之间存在较为严重的信息不对称现象，既包括信息不对称发生的时间，也包括非对称信息的内容；即使信息是完全的、对称的，人的有限理性也决定了人们无法准确和全面地预知到未来所有事件。此外，事前缔结某些反映未来交易偶然状态的契约的成本可能远远超出收益，因此完全契约不可能被设计出来。

因此，不完全契约理论认为，信息的不完全性、人们的有限理性和第三方对契约的不可证实性（即第三方的有限理性）导致了契约的不完全，现实中并不存

---

① 2018 年修订的《公司法》第一百零三条明确规定："股东出席股东大会会议，所持每一股份有一表决权。但是，公司持有的本公司股份没有表决权。"此条款确立了我国公司法的资本多数决定原则。

在完全契约的条件。Grossman 和 Hart（1986）指出，由于不完全契约的存在，交易双方完成各自的关系专用性投资后，如果出现缔结契约时未预期到的事件，双方在重新谈判时，专用性投资相对较多的一方就可能被另一方侵占关系专用性资产创造的准租金，从而使专用性投资激励不足，形成效率损失。有效解决这一问题的办法就是在事前对那些契约中未提及的资产用法的控制权力，即剩余控制权（residual rights of control）进行合理配置。

Grossman 和 Hart（1986）认为，当契约不完全时，应该将剩余控制权分配给在投资决策中相对重要的一方。剩余控制权直接来源于对物质资产的所有权，因此最优的产权安排应该是让那些拥有重要的非人力资本专用性投资的人掌握剩余控制权。也就是说，物质资本的所有权是决定权力归属的因素，拥有物质资产所有权的一方将拥有控制人力资本所有者的权力。然而，以 Blair（1995）为代表的学者认为，不仅股东的物质资本具有专用性，职工、债权人、供应商等其他利益相关者投入的关系专用性资产也具有很强的专用性，尤其是人力资本投入的特殊性使得其所有者承担了公司经营的剩余风险，因此从最有效率的控制权安排出发，利益相关者应该分享企业的剩余收益权和剩余控制权。

通过将准租金产生方式与分配方式相联结，设计一套有效的准租金分配机制，可以减少准租金引起的机会主义行为和交易成本，寻求企业各方利益相关者之间关系的平衡。特别是在知识经济时代人力资本的地位日益提高的情况下，对剩余索取权和剩余控制权的重新配置可以调动经理人的积极性、充分发挥企业家才能，更好地实现股东利益和企业发展目标。不完全契约引发的产权结构安排、对经理人的激励与约束等问题正是公司治理的重要内容。

（三）现代管家理论

委托代理理论建立在经济学的功利主义假设之上，认为人都是完全理性的自利主义者和机会主义者，在信息不对称的情况下，通过事前确定周密的契约来激励代理人为股东利益努力和规范代理人的行为。委托代理理论可以部分解释两权分离背景下的代理人行为，但是这一理论在实践中也会出现失灵的情况。基于此，20 世纪 90 年代以来现代管家理论得到迅速发展。

基于对人性的不同假设，Donaldson 和 Davis（1991）提出了现代管家理论。他们指出，委托代理理论对人性的假设是片面的，在现实中还存在另一种角色的管理人员，他们对事业成就和社会认可有更强烈的需要，希望通过完成挑战性工作和承担更多职责来实现自我价值、树立个人形象和权威，进而在事业上取得更多的成就和社会的普遍认可。进一步来讲，随着管理人员任职时间的增加，其对组织的认同程度越来越高，并且通过雇佣关系和薪酬计划，他们会意识到自身利益与公司乃至公司所有者的利益是紧紧相连的，因此管理者会为实现组织目标而努力工作，在此过程中追求个人效用最大化。

现代管家理论基于组织心理学和组织社会学，从委托代理理论的对立角度揭示了经理人和委托人之间可能存在的另一种关系，在一定程度上弥补了委托代理理论的不足，进而从理论和实践两方面对基于委托代理理论建立的传统公司治理结构进行补充和调整。现代管家理论指出，在公司治理结构和机制的安排上，不应该仅仅基于自利的理性人设想，完全依赖严格监督和物质激励的手段实现公司内部的平衡稳定，更应该通过充分授权、协调和精神激励，发展一种相互合作、完全信任的关系（张志波，2008）。

（四）利益相关者理论

在知识经济时代，以高层管理人员和关键技术人员为代表的人力资本的重要性不断提升，与物质资本之间日益形成了互补共生的关系，共同分享生产要素协同创造的附加价值（李维安和王世权，2007）。现实中，传统的股东至上主义逐渐难以满足指导企业开展各类经营活动的需要，学术界开始从利益相关者的角度来重新审视公司治理问题。利益相关者理论主张企业应当回应和协调各方利益相关者的合理诉求，影响了实践中公司治理模式的选择，并推动了企业管理方式的转变。

利益相关者（stakeholder）一词出现于 1708 年，最初的含义是"赌金保管人"（胡坤等，2007）。基于 1963 年斯坦福研究所（Standford Research Institute，SRI）的定义，狭义的利益相关者概念从企业的单边视角对利益相关者进行界定，认为利益相关者是"那些除股东以外对组织存续具有重要利害关系的团体"（Thayer and Fine，2001），企业没有其支持就无法生存。基于 Freeman（1984）的概念框架，从企业和利益相关者的双边视角进行界定，广义的利益相关者概念认为，利益相关者是"任何能够影响一个组织目标的实现，或者受到一个组织实现其目标过程影响的所有个体和群体"，该定义从战略管理的角度提出了一个广义的利益相关者概念，正式将社区、政府、环境保护组织等纳入利益相关者的研究范畴，大大丰富了利益相关者的内涵。目前经常讨论的利益相关者有股东、债权人、员工、供应商、消费者、政府、社区、社会组织、自然环境等。Mitchell 等（1997）按照"关系的存在""权力依赖：利益相关者拥有的优势""权力依赖：企业拥有的优势""相互权力依赖""以关系的正当性为基础""利益相关者的利益：不包含正当性"，将利益相关者的定义分为六大类。

利益相关者理论认为，包括股东在内的利益相关者都在企业的生产活动中进行了一定的专用性投资，并因企业活动承担了一定经营风险或付出了一定代价，因此企业决策必须考虑各方利益相关者的利益，给予相应的报酬和补偿，并接受其监督和约束。

与传统的股东至上主义相比,利益相关者理论认为企业追求的应该是在最大程度上顾及和实现包括股东在内所有利益相关者的利益,而不仅仅是作为一个谋求股东利益最大化的工具;公司的权利来源于所有利益相关者的委托,而不仅仅是股东的授予;公司管理者应该对所有利益相关者负责,而不仅仅对股东负责。尽管利益相关者理论本身并不完善,利益相关者参与公司治理的途径也处于实践探索中,但利益相关者治理已日渐成为各国公司治理发展的一个重要方向。

三、公司治理的主要内容

(一)内部治理

公司治理的内部治理是在公司内部范围,通过股东(大)会、董事会、监事会和经理层等组织边界内部的治理主体之间权责配置和相互制衡安排(李维安等,2019),实现公司所有者、经营者和员工等各方之间利益公平分配和公司可持续发展的权责利体系。狭义的公司治理往往就是指公司的内部治理。

《公司法》①要求公司应当完善股东(大)会、董事会、监事会制度,形成权力机构、决策机构、监督机构与高管之间权责分明、各司其职、有效制衡、科学决策、协调运作的法人治理结构。

1. 股东治理

股东是公司的最终所有者。董事会作为公司的经营决策和业务执行机构,由股东大会选举产生,代表股东的利益、对股东负责,因此董事会只是一种引致机制,股东的治理状况对于董事会结构和作用的发挥有重要的影响(王满四和邵国良,2007)。可以说,股东治理是公司治理的基础。

股权结构治理是股东治理的主要内容。在股权结构的相关概念中,股权集中度、股权制衡度、控股股东性质、机构投资者持股等是常见的研究对象。

发达市场经济中公司运作历史和大量研究表明,公司股权集中度与公司治理有效性之间存在倒"U"形曲线关系(Morck et al., 1988;Claessens et al., 2002),股权过度分散或过度集中都不利于建立有效的公司治理结构。这是因为控股股东

---

① 1993 年 12 月 29 日第八届全国人民代表大会常务委员会第五次会议通过《公司法》,根据 1999 年 12 月 25 日第九届全国人民代表大会常务委员会第十三次会议《关于修改〈中华人民共和国公司法〉的决定》第一次修正,根据 2004 年 8 月 28 日第十届全国人民代表大会常务委员会第十一次会议《关于修改〈中华人民共和国公司法〉的决定》第二次修正,根据 2005 年 10 月 27 日第十届全国人民代表大会常务委员会第十八次会议修订,根据 2013 年 12 月 28 日第十二届全国人民代表大会常务委员会第六次会议《关于修改〈中华人民共和国海洋环境保护法〉等七部法律的决定》第三次修正,根据 2018 年 10 月 26 日第十三届全国人民代表大会常务委员会第六次会议《关于修改〈中华人民共和国公司法〉的决定》第四次修正。本书中对公司法的引用均出自 2018 年修正版。

持股具有激励与侵占的双重效应：一方面，控股股东为了自身财富最大化，拥有强烈的动机去监督管理者的行为，并且也有足够的能力去收集信息和监督管理者，因此控股股东的存在可以有效减少股权分散情况下股东之间"搭便车"行为带来的问题[①]，减少股东和管理者之间利益冲突造成的代理成本，提高公司治理效率，这种情况被称为大股东的"治理效应"；另一方面，控股股东在缺乏外部监督和威胁的情况下，存在以其他股东利益为代价，实现自身利益最大化而非公司价值最大化的动机，这种控股股东攫取超控制权收益的行为被称为"掏空效应"（Johnson et al.，2000）。股权集中不可避免地将带来大股东侵占中小股东利益的问题，以及进一步的中小股东权益保护的问题。为了维护中小股东的合法权益，世界各国设立了累积投票权制度、类别股东表决制度、股东民事赔偿制度、表决权排除制度、小股东委托投票制度、异议股东股份价值评估权制度等机制（李维安，2016），并通过建立中小股东维权组织降低中小股东行使股东权利的成本，减少因中小股东放弃行使权力而导致的大股东权力的过度扩张。

机构投资者的加入有助于改善资本市场投资主体过于单一的状况，自20世纪90年代"积极投资者的崛起"[②]以来，学者逐渐关注到了机构投资者对公司治理的意义和价值。机构投资者拥有信息、人才等资源优势和丰富的管理经验，具有外部独立性，可以有效发挥监督管理者的职能（Shleifer and Vishny，1986），降低上市公司的代理成本（李维安和李滨，2008），提高独立董事治理效率（吴晓晖和姜彦福，2006），并在投资者保护方面发挥积极作用（宋玉，2009）。

2. 董事会治理

董事会是按公司章程设立，由全体董事组成，对内掌管公司事务，对外代表公司的经营决策和业务执行机构，对股东大会负责，执行股东大会的决议。董事会作为治理主体，在双重委托代理关系及利益主体中扮演着四种角色：股东的代理人、公司战略的决策者、管理层的委托人和监督者、利益相关者中的利益方之一（高明华等，2014）。因此，董事会治理是公司治理的核心，是完善公司治理和优化治理机制的关键节点。

本书借鉴高明华等（2014）与陈庆等（2007）的研究，对董事会治理做出如

---

① 监督是一种"公共产品"，当一个股东对经理人的监督带来了公司成效的改善时，所有的股东都将按其股份份额获得相应收益。因此在监督成本很高，甚至监督带来的收益无法弥补其成本的情况下，股东就会缺乏监督的动力，企图借助其他股东的监督"搭便车"，可能导致监督缺位下经理人权力的泛滥等问题。

② 传统上机构投资者都是被动投资，并不参与公司治理，但是从20世纪90年代开始，机构投资者在股票市场所占份额越来越大，使得大部分机构投资者都放弃了"华尔街准则"，在对公司业绩不满或对公司治理问题有不同意见时，他们不再是简单地把股票卖掉，"逃离劣质公司"，而是开始积极参与和改进公司治理，执行公司治理导向的投资战略（仲继银，2000）。

下定义：董事会治理是董事会作为治理主体，通过一系列正式或非正式的制度安排，确保其科学决策与监督职能，以实现委托人的利益诉求和公司的可持续发展。董事会治理的主要内容包括董事会的规模与结构、职能与运作、独立董事等。

董事会的规模和人员结构方面，我国《公司法》规定，有限责任公司的董事会成员数目应当在 3～13 人[①]；股份有限公司设董事会，其成员为 5～19 人。上市公司董事会的人员构成，除了非独立董事，即在公司担任除董事以外的管理职务的董事会成员，还应当包括独立董事。

独立董事是指不在公司担任除董事会专业委员会（以下简称专业委员会）（又称董事会专门委员会、董事会委员会）委员外的其他职务[②]，并与所受聘的公司及其主要股东不存在妨碍其进行独立客观判断的关系的董事。目前对于独立董事能否发挥积极的治理作用这一问题存在争议：支持者认为，独立董事不像内部董事那样直接受制于控股股东和公司经理层，其独立性使其可以站在公正客观的立场上对协调公司与经理人之间的利益冲突、警示公司违规或不当行为、识别行业未来发展趋势、积极履行社会责任、保护中小股东利益等问题做出相对准确的判断，提高董事会决策效率，监督公司经营管理，提高公司绩效和治理水平。反对者认为，独立董事不一定就能比内部董事发挥更有效的治理作用，因为独立董事的监督动机不明，他们既想为自己建立起监督专家的声誉，又不想承担会给 CEO 制造麻烦的名声（Fama and Jensen，1983），并且如果独立董事在多家公司供职，那么他们对公司事务的掌握可能不够充分，无法很好地履行监督职责。

除了人员结构之外，董事会结构还有组织结构的问题，体现为董事会专业委员会（以下简称专业委员会）的设置。专业委员会，通常指由董事会设立的、由公司董事组成的行使董事会部分权力或者为董事会行使权力提供帮助的董事会内部常设机构（谢增毅，2005）。专业委员会设立的初衷源于董事会自身在专业性和组织形式等方面存在缺陷[③]，而专业委员会的设立和运行可以在一定程度

---

① 但股东人数较少或者规模较小的有限责任公司，可以设 1 名执行董事，不设董事会。

② 我国《上市公司治理准则》（2018 年修订）第三十四条规定："上市公司应当依照有关规定建立独立董事制度。独立董事不得在上市公司兼任除董事会专门委员会委员外的其他职务。"

③ 杨海兰和王宏梅（2009）对此做出了详细阐述："第一，专业性不足的缺陷。董事会功能的发挥主要表现为对已经形成的议案进行讨论和表决，而专业有效的议案的形成和提出往往需要进行广泛调查和深入研究。这些议案很难依赖董事会集体形成和提出，而需要常设的机构在董事会闭会期间草拟和提出，以供董事会会议讨论和表决。第二，作为会议体的缺陷。董事会作为会议机关，重大决策和监督权的行使只有在董事会会议上可以进行，即董事会行使权力必须召开董事会会议，由全体董事在董事会会议上集体讨论并形成董事会决议；董事个人包括董事长，在董事会会议之外均不能单独决策或行使监督权力。然而部分董事会职能的履行，如财务审计和业绩评估等，需要监督主体在被监督对象日常履行职务的过程中对其加以考察和评估，这些都是每年仅仅次数的董事会会议力所不能及的，而在大型的上市公司中经常性地召开董事会的全体会议是不现实的。在大型公司，董事的人数通常较多，召集和举行董事会会议并非易事，董事会会议每年召开的次数有限，董事聚集在一起讨论和做决议的时间很短，难以有效地行使董事会权力。"

上弥补董事会自身的不足，确保董事会有效发挥其功能。专业委员会对董事会负责，其设置和职责划分一般由公司章程规定，但也有一些专业委员会（如审计委员会）的设置是法律法规的强制要求[①]，常见的专业委员会有战略委员会、提名委员会、薪酬与考核委员会、审计委员会、风险管理委员会、关联交易委员会等。

关于董事会的职能与运作，不同国家或地区的法律法规对董事会职能的规定有所不同，但总的来看都可以归纳为战略决策和监督这两个基本职能。我国《公司法》第四十六条对董事会的职能做出了详细规定。就董事会的运作机制而言，举行董事会会议是董事会运作的核心问题，《公司法》对董事会会议的召集程序、议事方式、表决机制、会议记录和信息披露等做出了详细规定。

3. 监事会治理

监事会是由股东（大）会选举的监事及由公司职工民主选举的监事组成的法定必设和常设机构，负责监督和检查公司的日常经营活动，以及对董事、经理等人员违反法律、章程的行为予以指正。

本书参考王世权（2011）在其《监事会治理的有效性研究》一书中对监事会治理的阐述，将监事会治理定义为在一定的市场与企业环境下，关于监事会结构（如监事会内部来自不同利益相关者的人员安排）、权力（财务监督、合法性监督等）与责任配置及行为方式的一系列制度安排，其目标在于实现企业的可持续发展。监事会治理在狭义上是监督公司内部经营者的结构设计，广义上是维护全部利益相关者利益的制度框架。

为了充分发挥监事会对公司日常运营和重大事项的监督作用，监事会应当包括代表股东和职工利益的人员及具有专业技能的人员。我国《公司法》对监事会的人员规模做出了明确规定，有限责任公司监事会成员不得少于 3 人[②]；股份有限公司监事会成员不得少于 3 人，并且职工代表的比例不得低于 1/3。

影响监事会治理绩效的因素众多。从监事会的总体特征来看，有监事选聘规则、监事会规模、职工监事人数、外部监事比例、监事会人员持股比例、持股监事人数比例、监事会人员年度报酬、监事会会议召开次数、监事会提出异议数等。从监事会成员特征来看，有监事会成员年龄、知识、职业等方面的结构和特征。此外，还有大股东股权性质与持股比例、政府力量干预、法律对监事会责任的规定、董事会和监事会之间的力量关系等。

---

① 《上市公司治理准则》（2018 年修订）第三十八条规定，"上市公司董事会应当设立审计委员会""审计委员会的召集人应当为会计专业人士"。

② 股东人数较少或者规模较小的有限责任公司可以设 1～2 名监事，不设监事会。

4. 高管治理

高管是指公司管理层中担任重要职务、负责公司经营管理、掌握公司重要信息的人员。《公司法》第二百一十六条规定："高级管理人员,是指公司的经理、副经理、财务负责人,上市公司董事会秘书和公司章程规定的其他人员。"

高管治理,就是委托人(即董事会)通过设计合理的激励与约束机制,使代理人(即高管)与其目标函数最大限度地保持一致,从而最小化代理成本、最大化经营绩效的一整套制度安排(李维安,2016)。

随着现代公司制企业的所有权与经营权分离程度加深,高管在公司中占据了更加重要的地位,因此激励与约束制度①日渐成为公司治理中高管治理的核心内容。基于传统经济学观点,高管是追求自身利益最大化的经济人,因此必须对高管进行合理选任、适当激励和有效约束,使其为股东和其他利益相关者的利益努力工作,防止高管背离公司利益的行为发生。其中,能否合理选任决定了高管才能的大小,是激励和约束安排发挥作用的前提条件,而激励与约束解决的是高管能力既定的条件下公司经营效率的问题。

适当激励,就是通过薪酬激励、经营控制权激励、声誉激励、市场竞争等手段,促使高管将其对个人利益最大化的追求转化为对公司利益最大化的追求。有效约束,就是公司的利益相关者针对高管的行为、决策和经营成果所进行的一系列客观及时的监督行为。按照监督主体的不同,约束机制可以划分为通过公司章程规定、签订合同、董事会监督、监事会监督、结合激励手段等方式进行的内部约束机制,以及通过法律法规、社会道德规范、同业规范、经理人市场、舆论监督等方式进行的外部约束机制。

在知识经济社会,高管是稀缺的生产要素,高管素质关系到公司的绩效水平和长远发展。因此学者基于委托代理理论、高阶理论和相似吸引理论等,试图解释高管行为背后的复杂动因、作用机制及其经济后果,并不断从中寻找提高公司绩效水平、完善公司治理机制、实现公司可持续发展的有效途径。高管的年龄、性别、国籍、教育背景、婚姻状况、宗教信仰等人口统计学特征,以及职业经历、学术经历、海外经历、政治背景、任职时间、高管团队规模等特征,其结构比例、平均水平和差异化程度等都对公司具有显著影响,这些影响涵盖了公司的绩效水平、资本成本、市场价值、负债水平、研发支出、税收优惠、投资效率、创新能力、盈余管理、并购行为等方面。

此外,高管与员工的薪酬差距、国有企业高管的政治晋升、职业经理人在家

---

① 激励与约束制度,就是委托人根据组织目标、人的行为规律,通过各种方式去激发人的动力,使人有一股内在的动力和要求,迸发出积极性、主动性和创造性,同时规范其行为,使其朝着委托人所期望的目标前进的机制。

族企业治理中的作用、高管变更、内部人控制、外部人控制、管理层在职消费等也是高管治理的重要话题。

（二）外部治理

公司治理的外部治理是指公司为适应外部市场所做的公司治理的制度安排。股东或潜在股东、债权人等投资者与公司主要通过资本市场连接；经营者和普通雇员与公司主要通过劳动力市场相联系；供应商和顾客与公司主要通过产品市场相联系。政府对市场的部分替代也构成了公司治理的一个重要外生变量。公司的外部治理活动主要体现在资本市场、产品市场、劳动力市场、国家法律和社会舆论等方面（陆雄文，2013）。

1. 利益相关者治理

在知识经济时代，以高层管理人员和关键技术人员为代表的人力资本的重要性不断提升，与物质资本之间日益形成了互补共生的关系（李维安和王世权，2007）。这种背景下，传统的以股东利益最大化为中心的公司治理机制设计具有狭隘性，越来越难以满足指导企业开展各类经营活动的需要，促使学术界从利益相关者的角度重新审视公司治理问题。

李维安和王世权（2007）回顾相关文献，将利益相关者治理理论分为四种不同的治理观，它们分别是股东治理观、员工治理观、利益相关者共同治理观及关键利益相关者治理观。其中，利益相关者共同治理观主张凡是对企业进行了一定专用性资产投入，并且因此承担风险的利益相关者都应当有机会平等地参与公司治理（Blair，1995），共同分享剩余控制权和剩余收益权。关键利益相关者治理观是基于狭义的利益相关者主义和协作治理的基本逻辑，主张只有为企业存续提供不可替代的资源并因此承担企业生产经营活动中重大风险的"关键利益相关者"才能参与公司治理（伊丹敬之，2000），并且在生产中边际贡献率越高、黏合性越大的资源提供者，就越应该获取越大的权力（王辉，2005）。

在利益相关者理论指出了债权人、供应商、顾客、政府等利益相关者对于企业的长远发展具有关键作用之后，如何处理好企业与利益相关者之间的关系就成为理论与实践所面临的一个重要课题。利益相关者治理的相关研究主要集中在企业社会责任、债权人治理及其他利益相关者参与治理等方面。

2. 媒体治理

"瘦肉精"事件①等案例表明，媒体关注可以对企业起到有效的外部监督作用，

---

① 河南省孟州市等地养猪场采用违禁动物药品"瘦肉精"饲养生猪。事件经相关媒体曝光后，引发广泛关注。资料来源：《追踪"瘦肉精"猪真相：瘦多肥少 市场畅销"健美猪"》，http://news.cntv.cn/program/zdxwzx/20110315/114540.shtml[2022-02-21]。

极大地降低资本市场中信息搜集和扩散的成本，有利于约束和规范企业的生产经营行为，提高企业的治理水平，保护社会公众的合法权益，进而提升企业内在价值。

但是媒体治理的积极作用和负面效应同时存在：一方面，媒体的外部监督有助于完善资本市场的外部环境，在保护投资者利益、提高投资效率、降低代理成本、提高企业价值和效益、促使企业履行社会责任等方面发挥重要作用；另一方面，媒体可能会受到各方面的影响，在报道中存在客观性不足等问题，严重扰乱投资者和其他利益相关者对公司的判断，破坏资本市场秩序。

3. 公司控制权市场

公司控制权市场是一个由各个不同的管理团队通过兼并、收购、代理权争夺、在证券市场上直接购买股票等手段，互相争夺公司资源管理权的市场（周隆斌和阮青松，2003）。

从微观层面上讲，公司控制权市场对现任管理者持续地施加被替换的威胁激励，迫使不良管理者改善公司经营、提高公司绩效，进而起到降低代理成本的作用，形成资本市场的优胜劣汰机制。从宏观层面上讲，公司控制权市场是一国调整产业结构、提高资源配置效率的主要场所。

4. 经理人市场

经理人市场是一种有效的公司治理的外部机制。来自劳动力市场的压力和职业声誉的关注对公司董事会成员和管理层等公司高管具有约束作用[1]，使得经理人市场竞争可以充当隐性激励机制以替代薪酬等显性激励。

经理人市场主要通过三类机制对公司高管形成约束，可以有效抑制经理人的机会主义行为：一是高管选聘机制，即通过选聘将合适的管理者配置到公司管理层；二是高管更换机制，即通过替换不合格的高管以纠正管理者才能错配问题；三是激励机制，即通过报酬激励与声誉激励促使公司高管为股东的利益服务（袁春生和汪青，2015）。

5. 产品市场竞争

产品市场竞争是一种有效的公司外部治理机制，有助于激励经理人提高经营效率、避免过度投资、抑制经理人的盈余管理等行为，缓解企业的代理问题。产品市场竞争的治理功能是通过信息机制与约束机制的双重作用实现的。

产品市场竞争的信息机制是指产品市场竞争能够有效降低公司内部人与外部人之间的信息不对称性，有利于加强对公司内部人的监督及约束。具体而言，股

---

① 具体而言，业绩良好且稳定的公司其 CEO 或董事会成员有更好的个人发展机会，未来更可能在规模大、声望好的公司任职，而公司业绩不佳的高管则很可能被终止聘用合同且难以谋取新职位。

东能够通过公司在产品市场的竞争状况来比较本公司与其他竞争公司的业绩情况，从而使外部投资者能够对公司管理层的管理能力和工作努力程度有更充分的了解，有效减少信息不对称情况的发生，可以更有针对性地实施激励和约束。

产品市场竞争的约束机制是指产品市场竞争增加了公司经营失败甚至破产清算的可能性，这迫使公司内部人员付出更大的努力来改善经营绩效。具体而言，产品市场竞争能够发挥资源配置的功能，在激烈的竞争下，若公司经营失败则极有可能被并购或被迫清算，公司内部人员如果不能管理好公司，其自身利益就会遭受损失。因此，产品市场竞争的约束机制所带来的外部压力可能激励管理人员努力经营以稳定并提升公司绩效，并推动公司经营与管理的革新。

6. 外部监督

公司治理的外部监督，相对于内部治理机制而言，是一种通过间接手段对公司行为进行综合的把控、平衡和制约的公司治理机制，具有间接性、综合性和宏观性的特点。它不对公司内部权力运作进行直接干预，而是把公司视作一种市场活动的参与主体，将其纳入对市场经济的宏观监督管理，使公司在实现内部治理制度化、效率化的同时，自觉维护国家和集体的利益（邹武鹰，2003）。

外部监督的主要内容包括政府制定的各项法律法规和宏观政策、社会自发形成的伦理观念和道德准则、行业群体共同认可的执业标准和职业道德、大众对公司的评价认可和自发监督等。国家意志通过宏观行政监管，为企业构建起生存和长期发展所必需的健康规范的宏观市场环境，并且通过司法监督的手段，运用国家强制力威慑违法违规行为，制约企业从事违背国家和集体共同利益的负面活动。在社会监督方面，行业协会的自我约束、消费者群体的维权意识、社会文化形成的道德规范和诚信意识，都对公司起到了重要的约束作用。

第二节　公司治理的研究述评

本节将从公司治理的定义、主体、影响因素、经济后果和深入发展等方面对公司治理的发展脉络与整体框架进行梳理、总结和评价。

一、公司治理的定义

公司治理概念自诞生之初，就受到广泛关注与争议。关于公司治理的定义，国内外学者从不同视角给出了不同的解释，迄今为止仍没有形成统一的定义。

（一）国外对公司治理的定义

关于公司治理结构定义，较早地可以追溯到 20 世纪 80 年代美国公司董事协会所做的界定。它将公司治理结构定义为确保公司管理机构能够确立并顺利实现公司长期战略目标和计划的制度安排。这一定义将关于公司治理结构的争论聚焦在公司目标，认为一切都是为了实现公司的长期战略目标，而非集中在董事会。

Blair（1995）认为，公司治理是有关公司所有权和控制权分配，公司如何与其一系列组成人员，如股东、债权人、员工、用户、供应商及公司所在社区发生关系的一整套法律的、文化的和制度性的安排。

Shleifer 和 Vishny（1997）对 1997 年以前关于公司治理研究的情况进行了回顾，研究了各国法律对投资者保护的规定，以及各国公司治理体系中集中所有权的重要性。他们认为公司治理是研究企业的资金供给者与投资回报间关系的机制，以此保护投资者自身利益不被内部人剥夺，包括投资人取得报酬的方式、防止管理者贪污或不正当使用的方法，以及控制管理者的机制设计。

经济合作与发展组织（Organization for Economic Co-operation and Development, OECD）在其 1999 年发布的《OECD 公司治理原则》中，把公司治理定义为一种指导和控制商业公司的体系，它明确了公司各方利益相关者之间的权利和责任分配，决策公司事务时应该遵循的规则和程序，以及确立、监督和实现公司目标所需的必要手段（王能，2017）。

（二）国内对公司治理的定义

我国学术界对公司治理的研究始于 20 世纪 90 年代初，尤其是 1993 年党的十四届三中全会通过的《中共中央关于建立社会主义市场经济体制若干问题的决定》提出国有企业改革和建立现代企业制度的决策后，我国学者纷纷对公司治理改革的相关问题展开讨论。在这种改革的背景下，我国学术界对公司治理的概念提出了不同的观点。

吴敬琏（1994）认为，公司治理结构是由所有者、董事会和高级执行人员（即高级经理人员）三者组成的一种组织结构。要完善公司治理结构，就要明确划分股东、董事会和经理人员的权利、责任和利益，从而形成三者之间的制衡约束关系。

钱颖一（1995）认为，公司治理结构是一套制度安排，用以支配若干在公司中有重大利害关系的团体——投资者（股东和债权人）、经理人员、职工之间的关系，并从这种联盟中实现经济利益。

张维迎（1999）从狭义和广义视角对公司治理进行了解释，从狭义上来说，公司治理结构是指关于公司董事会的结构与功能、股东权力的制度安排；从广义上来说，公司治理结构是关于公司控制权和剩余索取权分配的一整套法律、文化和制度性安排，这些安排决定公司的目标，谁在什么状态下实施控制、如何控制，风险和收益如何在企业成员之间分配。公司治理结构实际上是公司所有权安排的具体化。

李维安等（2001）认为，狭义的公司治理是指所有者对经营者的一种监督与制衡机制，主要体现为股东大会、董事会、监事会和管理层所构成的公司治理结构的内部治理；广义的公司治理是指通过一套包括正式或非正式的、内部或外部的制度或机制来协调公司与所有利益相关者（股东、债权人、供应者、雇员、政府、社区）之间的利益。

可以看出，国内学者对公司的性质、归属和目标等有不同的观点，对于公司治理的内涵也有不同的理解。这些概念大致可以分为强调公司治理结构的相互制衡作用、强调企业所有权或企业所有者在公司治理中的主导作用、强调利益相关者在公司治理中的权益要受保护、强调市场机制在公司治理中的决定性作用等几种类型。

二、公司治理主体之争

传统"股东至上"的观点认为，股东是公司资金的提供者，依法享有对公司的所有权，公司天然应当以股东利益最大化为目标，因此股东是公司治理的单一主体，享有法律赋予的股东权利，包括剩余索取权和剩余控制权（郑红亮等，2011）。1984年，Freeman从公司战略管理的角度提出了广义的利益相关者概念，使得从利益相关者角度出发的共同治理观念在国际上逐渐成为一种公司治理的新视角。

（一）单边治理观点

单边治理观点认为，企业的所有权（剩余索取权和剩余控制权）应分配给提供重要、稀缺生产要素，承担企业经营风险的利益主体。人力资本由于与其所有者的不可分离性，缺乏风险可抵押功能，因此企业所有权应当分配给物质资本所有者，即"资本雇佣劳动"。也就是说，企业的剩余索取权和剩余控制权应当分配给股东，股东是公司治理的主体。

黄少安（2003）肯定了关注利益相关者对改善公司治理结构的意义，但是也从逻辑上质疑：第一，在所有利益相关者都是治理主体时，治理客体如何界定。

第二，在现实公司治理结构中，由于人力要素逃避风险的可能性大，必须通过人力资本股本化实现人力所有者在公司治理结构中的地位。第三，难以界定"利益相关"和"利益相关度"。第四，共同治理理论扭曲了剩余收益和剩余风险的含义。第五，对大多数利益相关者来说，其投入的专用性很弱，因此共同治理理论将"关系专用性资产"的概念泛化了。第六，无法构建一个让所有利益相关者参与到公司治理中的合理框架。

张维迎（2005）也认为，在共同治理框架下，难以形成一个满足企业所有利益相关者意愿的统一目标，因此也难以做出有效的决策。而在以股东为核心的治理模式下，企业价值最大化的目标不仅满足了股东利益诉求，而且可以通过法律等限制，兼顾其他利益相关者的利益，因此"资本雇佣劳动"是实现企业价值最大化的最优企业所有权安排。

（二）共同治理观点

共同治理观点认为，企业不应当把目标简化为股东利益最大化。企业的生存和发展不仅仅取决于股东的力量，更受到各方利益相关者的影响（楚永生，2004），因此企业必须制定一套能够在各方利益相关者之间合理分配剩余索取权和剩余控制权的制度安排，使得除股东外的其他利益相关者也参与到公司治理中，形成相互制衡的合作机制。

Blair（1995）认为，利益相关者为公司贡献了关系专用性资产，因此公司应当把财富创造最大化当作目标，而不是股东利益最大化。

周其仁（1996）认为，现代企业是一个由人力资本与非人力资本共同签订的特别市场合约，人力资本的特殊性决定了这一契约是不完全契约。企业必须通过合理安排激励机制来充分调动各项人力资源与其他资源要素的相互作用，有效利用企业的财务资本，实现企业的"组织盈利"。

方竹兰（1997）认为，我国市场经济飞速发展下，非人力资本的社会表现形式呈现出多样化和市场化趋势，使其所有者可以通过在非人力资本的不同表现形式之间的转换降低可能承担的企业投资风险，并且非人力资本的证券化趋势也使得其所有者拥有更高的自由度。相反，人力资本与其所有者的不可分割特性带来了极大的退出障碍，进而使人力资本所有者真正成为企业风险的承担者和财富的创造者，因此企业未来发展应当遵循"劳动雇佣资本"的逻辑。

杨瑞龙和周业安（1998）把交易费用划分为契约费用和监督费用，认为任何契约都有其局限条件。企业的所有权契约安排应当综合考虑企业所在的外部制度环境、交易的复杂程度及契约的产出效应，在涉及复杂交易的契约中，考虑各方利益相关者的共同治理契约更有效。

（三）总结

单边治理观点与共同治理观点的主要分歧在于对企业风险承担主体的理解差异，进而导致了其对企业治理主体和治理目标的不同定义。前者认为物质资本所有者是企业风险的承担者，因此应当享有企业的剩余收益，企业的治理目标是股东利益最大化；后者认为人力资本所有者等其他利益相关者同样付出了专用性投资，进而同样承担了企业风险，因此也应当分享企业的剩余收益。

虽然二者存在分歧，但都是在契约理论的基础上发展起来的，并且对现代企业促进各方利益主体目标相融、降低交易成本和提高产出水平有着重要的指导意义。

三、公司治理对企业的影响

国内外学者从不同视角对公司治理的微观经济后果开展了大量研究。有效的公司治理可以最大限度地减少公司的委托代理成本，提升公司的产出水平，还可以影响公司在资本市场的表现（齐岳等，2020）。本部分主要从公司的内部治理和外部治理两方面造成的影响，对相关文献进行回顾。

（一）内部治理因素对企业的影响

这一部分从股东、董事会、监事会、经理层四个方面梳理公司治理内部因素对企业的影响的相关实证文献。

1. 股东对企业的影响

股东对公司的治理作用主要体现在股权结构的治理作用上。股权结构的特征可以直接影响董事会构成和高管选聘，进而影响公司内部治理的有效性。关于股东治理，特别是股权结构对企业的影响，国内外学者大多针对股权结构的特征（主要以股权集中度和股权制衡度衡量）和股权性质特征等方面展开研究。

关于股权集中度对企业的影响，Pedersen 和 Thomsen（1999）以欧洲 12 个国家共 435 家规模最大的上市公司为研究对象，考察基于美国上市公司经验数据得到的模型在欧洲国家的适用度。研究发现，公司的所有权集中度会随着公司规模的扩大而降低，随着收益的波动而增加，并且所有权集中度对公司的盈利能力无显著影响。张红军（2000）基于 1998 年我国 385 家上市公司的实证研究发现，过于分散的股权结构可能导致"搭便车"问题、法人股东在公司治理中扮演着重要的角色，以及国家股东的无效率。孙兆斌（2006）认为应当将能否提高上市公司效率水平作为股权结构的选择依据，并且通过实证研究发现在我国现行制度安排下，较高的股权集中度和控股股东持股比例有助于提高企业的技术效率水平，大股东之间的相互制衡反而会阻碍企业效率的提高。

关于股权制衡度对企业的影响，股权制衡度是其他大股东对第一大股东或控股股东的制衡程度。这种相互制衡可以减少第一大股东或控股股东对公司话语权的掌控力度，避免公司成为"一言堂"，限制大股东对中小股东的利益攫取行为，是保护外部投资者和中小股东利益（Shleifer and Vishny，1986）的重要机制。刘伟和姚明安（2009）发现面对股权制衡型的公司时，投资者提出的股改对价水平比较低，并且股权制衡度越高，要求的对价水平越低；然而，这种负相关关系仅在公司所处地区法律保护程度较高时成立。

按照二分法，股权性质通常可以分为国有股和非国有股、法人股和自然人股、流通股和非流通股、内部股和外部股。由于国情的影响，国内外学者在股权性质的相关研究中侧重方向不同。由于国外资本主义制度下私有产权的盛行，国家部门很少直接持有公司股权，相关研究大多是从机构持股和自然人持股、内部人持股和外部人持股的角度展开。相反，我国公有制下社会主义市场化改革的历史进程创造了我国资本市场的特殊性，使得我国资本市场中天然存在国有持股和非国有持股的政治资源差异，国有企业改革前同股不同权的背景又带来了流通股和非流通股的差异，因此与国外学者相比，国内学者对公司股权性质的研究体现了更多的中国特色。

Stulz（1988）研究了管理人对投票权的控制如何影响公司的价值和融资策略，发现管理层控制的投票权比例增加会降低公司被接管的可能性，并且会提高要约收购的溢价；根据管理层对投票权控制的强弱，当管理层加强对投票权的控制时，股东财富相应地增加或减少。胡洁和胡颖（2006）基于2001年我国1050家A股上市公司的实证研究发现，股权结构与公司绩效存在着不确定的相关关系，法人股东对公司绩效的作用不明显，这主要是由于我国法人股东的特殊性。

综上可知，股权结构在公司内部治理中发挥着重要作用，但由于研究对象的范围和对其所处时间阶段的选取不同，研究方法存在差异，样本所处国家或地区的制度背景与法制环境不同等原因，并没有得出一致的结论。

2. 董事会对企业的影响

董事会是连接股东和经理人的纽带，是公司治理的核心和中枢。国内外学者主要从董事会规模、董事会独立性、董事会领导权结构、董事会运行等方面对董事会特征对公司的影响进行了深入研究。

关于董事会规模对企业的影响，Jensen（1993）指出，董事会处于公司内部控制系统的顶点，对公司的运作负有最终责任，董事会规模过大时会带来不必要的内部摩擦，影响董事会监督和决策职能的发挥，进而降低公司绩效。Dalton等（1999）对131个样本进行元分析，发现现有文献提供了董事会规模对企业绩效的非零、正向等没有达成一致的经验证据。于东智和池国华（2004）以1998~2001年我国在上海证券交易所、深圳证券交易所上市的1160家公司为样本，发现董事会规模与公司绩效之间存在着显著的倒"U"形曲线关系，并且以前年度的业绩表现有助于增加当年公司董事会的平稳性。

董事会独立性一般使用独立董事或外部董事占董事会总人数的比例来衡量。国外学者主要关注外部董事比例，国内学者主要从独立董事比例视角研究董事会独立性。Rosenstein和Wyatt（1990）研究发现，外部董事比例与公司价值呈显著正相关关系。吴淑琨等（2001）使用我国1997年前在上海证券交易所、深圳证券交易所上市的公司的1999年年报数据，发现提高外部董事比例对公司绩效具有正向影响，并且国有股和第一大股东持股比例与外部董事占比负相关，法人持股和股权制衡度与非执行董事比例正相关。

董事会领导结构主要是指董事长与总经理是否合一的情况。Fama和Jensen（1983）认为决策管理和剩余风险承担的分离导致了决策管理和决策控制相分离，是减少企业代理成本的常用方法；而当两种职能掌握在一个人或者少数人手中时，就应当限制决策者的剩余索取权来控制代理问题。严若森（2009）基于2006~2008年我国制造业上市公司的面板数据，发现董事长与总经理两职合一与公司绩效负相关，为如何通过提高董事会治理水平来提高公司经营绩效提供了经验证据，他认为应当实现董事长与总经理的两职分离、提高董事持股比例和独立董事独立性等，充分发挥董事会的治理效果。

董事会会议召开次数可以一定程度上体现董事会的运作情况，这是因为董事会监督和决策职能主要是通过召开董事会会议实现的。Lipton和Lorsch（1992）针对改进商业公司的公司治理提出了一系列建议，包括限制董事会规模、设定独立董事与内部董事2：1的比例、增加董事在董事会事务上花费的时间（包括每年一次的2~3天战略会议）、选择首席外部董事等，认为以上措施有利于充分发挥董事会的决策和监督职能，保护股东利益。但是Jensen（1993）认为，受到组织形式和信息不对称等因素的限制，董事会会议难以准确评价管理层的行为和表现，因而也不能对管理层的机会主义行为进行有效抑制，因此董事会会议往往流于形式，其召开次数对公司绩效表现没有显著影响。

3. 监事会对企业的影响

监事会监督功能的有效发挥，可以减少公司高管的投机主义行为，降低代理成本，保护股东及其他利益相关者的利益。涉及监事会治理作用的相关研究主要是关于监事会的规模、召开监事会会议的次数、监事的激励机制等因素的研究。

刘名旭（2007）未排除国有持股对公司目标和监事会运作形式的影响，选择民营上市公司为研究对象，发现外部监事比例和监事会的持股比例对公司业绩有不显著的正相关关系，而监事会的规模、报酬与会议次数和公司业绩有不显著的负相关关系。石水平和林斌（2007）通过对我国中小板上市公司监事会特征和经营绩效进行实证分析后发现，监事会规模不能显著影响公司的发展态势，监事持股比例和薪酬水平正向影响上市公司的经营绩效但不显著。卿石松（2008）使用我国2000～2004年A股上市公司数据考察监事会特征与上市公司绩效的关系，发现监事会会议召开次数与公司绩效显著负相关，监事会规模（人数）与公司绩效存在"U"形关系，监事会持股比例与公司绩效显著正相关。

4. 经理层对企业的影响

经理层治理的重要话题就是激励约束机制的有效性。有效约束经理层减少其机会主义行为，并且激励经理层充分发挥个人才干和团队协作优势，是实现公司价值最大化的前提条件。董事会和监事会负有监督经理层行为的职责，而高管薪酬制度是高管激励的有效措施。合理的高管薪酬契约设计可以使高管人员的目标函数和股东的趋于一致，激励高管人员努力工作，提高组织运作效率和经营绩效，实现企业价值最大化。

Murphy（1985）选取1964～1981年美国73家制造业公司为研究样本，发现高管总报酬和现金报酬都对公司在股票市场的表现具有积极影响。于东智和谷立日（2001）基于对1999年我国944家A股上市公司的研究，发现高级管理层持股比例总体上与公司绩效呈正相关关系，但不具有统计上的显著性，可能是因为我国上市公司高管的持股比例偏低，所以起不到应有的激励效果。

（二）外部治理因素对企业的影响

这一部分从债权人治理、法律制度、政府行为和市场竞争等四个方面梳理公司治理外部环境因素对企业的影响的相关实证文献。

1. 债权人治理对企业的影响

债权融资是企业主要的融资方式之一。债务带来的定期资金流出可以减少公司将资金流投入到不够优质的项目中去，规模足够大的债务更是可以对公司施加破产威胁，在适当的时候债权人还可以申请直接介入债务公司的经营管理。因此以债权人利益诉求为核心的外部治理机制成为公司治理的重要内容。

Besanko和Kanatas（1993）研究发现：为保证贷款能够定期足额收回而不至于变成坏账，银行比股东更有动机监督公司投融资决策的质量，贷款协议上常有对项目风险等内容的限制，也会对项目资金的运用情况进行考察，因此债权人治理有助于提高公司的价值。并且，在解决债务契约的道德风险方面，贷款比债券更有效。这是因为分散的债券投资者在监督方面存在"搭便车"的现象，而银行则不存在"搭便车"问题，其有更强的动机去搜集信息及监督借款者。

张文魁（2000）认为负债在公司治理中具有以下作用：资本结构优化、缓解内部人控制、对经理人行为进行约束等。而偿债的事前和事后保障机制可以使债权达到目的。

杜莹和刘立国（2002）以1999～2001年96家A股上市公司为研究对象，分别检验了负债对公司绩效的财务杠杆效应、税盾效应和治理效应，发现我国上市公司的债权治理表现出无效性。

2. 法律制度对企业的影响

证券市场是投资人和企业之间、资金和投资项目之间的桥梁，法律制度不完善或者监管不力的证券市场的发展往往受到制约。

la Porta 等[1]（1998）发现在法律制度对投资者保护力度较差的国家，一个或多个大股东往往通过独立或联合持有控股股权，掌握对董事会和高管的任免权力，减少受到管理层欺瞒可能造成的损失，以此来弥补法律保护的不足。

Bhattacharya 和 Daouk（2002）统计了103个国家对内部交易的监管情况，其中87个国家有监管内部交易的法规，但是只有38个国家曾经有过根据该法规进行的执行记录。相比于只存在内部交易法而没有执行的国家，执行了内部交易法的国家，其上市公司的融资成本显著更低。

沈艺峰等（2005）以1993～2001年我国股权再融资的上市公司为样本，采用时间序列分析方法深入考察不同历史阶段里我国中小投资者法律保护力度与公司权益资本成本关系的变化。他们发现上市公司的权益资本成本与中小投资者法律保护力度呈显著的负相关关系。

吴永明和袁春生（2007）以我国2002～2004年因财务舞弊行为受到中国证监会和上海证券交易所、深圳证券交易所公开批评、谴责或者处罚的137家上市公司及其配对公司为研究对象，通过对投资者法律保护与财务舞弊之间关系的实证研究发现，投资者法律保护作为一种有效的外部治理机制，对公司的财务行为规范性具有重要影响，投资者法律保护的改善能有效降低财务舞弊概率。

3. 政府行为对企业的影响

政府和市场是对经济运行和资源配置起到重要作用的两种力量，在法律体系不够健全和市场力量不够成熟的情况下，政府力量的干预和指导长期发挥着作用，因此政府对企业活动的影响也是学者关注的焦点之一。

---

[1] 本书将 la Porta、Lopez-de-Silanes、Shleifer 和 Vishny 四人简称为 LLSV。

夏立军和方轶强（2005）考察了政府控制、治理环境与公司价值的关系，发现政府（特别是低层级政府）很可能迫使其控制的上市公司承担部分社会性职责，使公司活动偏离公司价值最大化目标，侵害中小股东利益，而公司所处治理环境（如市场化进程、政府干预程度、法治水平）的改善有助于减轻政府控制对公司价值的负面影响。

高雷和宋顺林（2007）基于2003～2005年的面板数据考察了外部治理环境对国有上市公司代理成本的影响，发现政府干预程度、市场化水平及法律保护水平都对代理成本有显著影响。其中，政府干预显著增加了代理成本，而提高市场化进程和法律对投资者的保护水平有利于规范经理人行为，充分发挥激励约束机制的作用。

陈信元和黄俊（2007）对转轨经济下政府干预与企业经营行为间的关系进行了考察。研究发现，为了满足组建大型企业集团的目标和利用上市公司的融资渠道帮助国有企业"脱贫解困"，政府直接控股的上市公司更易实行多元化经营，并且在政府干预力度高的地区更明显。由于这种多元化更多出于政治目标和社会职能的考虑，违背了经济效益原则，因此政府干预下的多元化经营会损害公司价值。

万华林和陈信元（2010）以2001～2004年A股上市公司为样本，基于交易成本理论分析了治理环境对企业交易成本的影响，发现减少政府干预、改善政府服务、加强法律保护均有利于减少企业非生产性支出。

4. 市场竞争对企业的影响

市场是资源配置的场所。市场化程度越高，越能实现优胜劣汰的效果，为所有企业营造一个公平竞争的环境，为具备潜力企业提供发展壮大的空间。

施东晖（2003）以1998～2001年在上海证券交易所、深圳证券交易所上市的制造业公司为样本，发现所有权集中度与公司产出增长率之间存在"U"形关系；产品市场竞争程度具有正向影响，并且只有在股权分散或高度集中的企业中才较为显著，这证明了市场竞争在强化公司治理方面存在互补关系。

宋常等（2008）采用上海证券交易所、深圳证券交易所十大行业共计525个样本公司数据，对竞争程度不同的产品市场的上市公司，就其董事会规模、独立董事比例、总经理与董事长是否两职合一与公司绩效间关系进行实证检验。结果表明：在竞争程度不同的产品市场中，董事会发挥的治理功能也不相同。在产品市场竞争程度低的行业中，由于外部市场监管不便或不利，客观上需要董事会发挥其应有的监管作用；而在产品市场竞争程度高的行业中，市场能够起到较好的监督作用，董事会仅起到一定的辅助监管作用。

Obembe和Soetan（2015）基于1997～2007年尼日利亚76家非金融上市公

司的实证研究发现，市场竞争对企业生产力具有正向影响，市场竞争与公司治理的交互作用对生产力增长具有显著正向影响。

（三）总结

在实证研究方面，尽管国内外学者进行了大量的研究，但由于不同国家或地区的政治、国际、法律等制度背景存在差异，学者选取的研究视角、研究对象、研究方法、研究区域与时间区间不同，得出的结论并不完全一致，但公司内部治理因素和外部治理因素对公司具有正向影响的结论占多数。

第三节　公司治理评价的研究述评

全球公司治理评价和治理指数的研究经历了由关注公司治理的外部环境评价，到构建公司治理评价系统的过程。本节首先对公司治理评价的理论和现实意义进行总结，随后对国内外相关研究进行综述。

一、公司治理评价的理论基础

借鉴裴武威（2001）、吴淑琨和李有根（2003）、李维安（2012）的相关论述，本书从公司治理影响公司价值和企业融资的角度解释公司治理评价的必要性，并总结其在理论和现实方面的重要意义。

公司治理对公司价值具有重要影响。公司治理水平低下的公司难以实现股东对短期价值稳定和长期价值增值的诉求，为债权人按期收回利息和本金增加额外风险，不能为高管和普通员工提供长期稳定的职业发展平台，因此企业的各项活动都将受到负面影响，从而导致企业价值衰减。

公司治理对企业融资具有重要影响。良好的公司治理表现是一种重要的市场信号，可以把公司自身与其他公司区别开来，因此公司融资在很大程度上依赖于公司治理评价。股东愿意为良好的公司治理水平支付溢价，公司可以凭借良好的治理水平以更低的权益成本实现更大的权益融资规模；同理，债权人也愿意以更低的利率提供债务资本。

从理论上讲，对公司治理评价的研究是公司治理理论不可分割的一部分，它为公司治理理论的实践应用提供了具体可行的方法和标准，也能够在实际应用的过程中深入探究和挖掘现实世界的公司治理机制与模式，反过来推动公司治理理论的进一步发展。

从现实的角度出发，公司治理对于公司本身、投资者、证券监管部门和证券市场都具有重要意义。对公司而言，公司治理评价的结果是其了解自身运作状况、发现并应对潜在风险、提升自身综合竞争力的重要依据，良好的公司治理评价结果有助于形成公司的社会声誉。对投资者而言，量化的公司治理评价结果作为传统财务指标的补充，可以帮助投资者掌握拟投资或已经投资对象在公司治理方面的现状与可能存在的风险，对不同公司的治理水平、收益与风险进行综合考量，将公司治理纳入多目标投资决策（Qi，2017；Qi et al.，2017；Qi and Li，2020），进而做出科学的投资决策。对证券监管部门而言，公司治理评价结果既可以反映相关准则制度的实际执行情况，也可以据此对存在的问题进行有效监督指导。

此外，公司治理评价可以与其他领域有机结合，共同推动金融市场理论和实践的发展，如公司治理可以与环境和社会共同构成环境、社会与治理（environment，social and governance，ESG）概念，推动责任投资理念的发展，为投资者提供更加丰富的投资工具（齐岳等，2020）。

二、公司治理的外部环境评价

外部环境对公司治理具有重要影响，因此外部环境质量的评价是公司治理评价研究的重要内容。对公司治理外部环境评价的研究主要涉及对影响公司治理的政治、法律、社会文化环境等国家层面因素的评价。

对法律环境的研究始于 LLSV 等。la Porta 等（1998）明确指出，由于不同国家的法律体系具有其独特之处，进行公司治理的横向比较必须充分考虑到这一点，并构建了抗董事权指数来衡量投资者法律保护程度。此后，抗董事权指数被广泛应用，但是也存在概念界定不清晰、数据收集方法可执行度较差等问题。为弥补这些不足，Djankov 等（2008）以 72 个国家的法律条款为基础，采用更加精确的方法构建了衡量小股东法律保护程度的反自我交易指数。

除法律环境外，政治环境和社会文化环境也是影响公司治理表现的重要环境因素。Kaufmann 等（2011）从话语权和问责制、政治稳定和不存在暴力/恐怖主义、政府效能、监管质量、法治及反腐败等六个维度构建了全球治理指标，以开展针对全球 200 多个国家和地区的公司治理环境评价研究。此后 Kaufmann 等（2011）的体系发展成为评价国家层面宏观治理环境的常见方法。另外，Hofstede（1980）提出了国家文化的四个维度（权力距离、不确定性规避、个人主义/集体主义、男性化/女性化）后，学者开始探究社会文化环境对公司治理的影响。

三、公司治理机制评价

由于外部环境无法直接作用于公司治理表现，公司治理评价研究开始关注公司治理机制的作用。此外，1997 年亚洲金融危机、安然公司和世通公司的会计丑闻及 2008 年金融危机等一系列事件提高了学术界和实务界对公司治理有效性的关注，治理机制评价成为公司治理评价研究的重点内容。

（一）G 指数和 E 指数

Gompers 等（2003）把美国投资者责任研究中心提出的 24 项公司治理条款从延缓敌意收购的战术、投票权、董事/管理层保护、其他接管防御措施及国家法律五个维度加以区分，并根据公司的实际情况对这些条款进行赋值，然后将得分进行加总从而形成反映股东和管理层之间权力平衡程度的 G 指数，G 指数越高表示股东权利越小。

一些学者认为 G 指数更像是反收购保护指数（Cremers and Nair，2005），忽略了股权结构、董事会结构等重要的公司治理特征（Larcker et al.，2007）。因此 Bebchuk 等（2009）在深入分析这 24 项公司治理条款的基础上，选出了能够充分反映股东投票权限制及敌意收购防御的六项重要条款并进行 0 或 1 的赋值，构建了壕沟指数（以下简称 E 指数）。

尽管在后续研究中 G 指数和 E 指数得到了广泛的应用，但这两类指数主要是从外部治理机制尤其是接管脆弱性视角来考察公司治理机制对股东权利的保护，本身无法客观反映整体的公司治理质量。针对 G 指数和 E 指数存在的不足，公司治理评价研究逐步把目光转向股权结构、董事会特征、经理层特征、信息披露等重要的公司治理特征变量在公司治理中的作用，建立了相应的评价体系。

（二）要素评价

国内外对各类公司治理要素的评价研究已经比较丰富，主要包括董事会治理、监事会治理、经理层治理、利益相关者治理和信息披露等方面。

关于董事会治理的评价，美国机构投资者协会（Institutional Shareholder Services）在 1952 年设计了第一个正式评价董事会的程序。张耀伟（2008）从董事权利与义务、董事会运作效率、董事会组织结构、董事薪酬、独立董事制度等五方面建立起上市公司董事会治理评价指数，并通过实证研究的方法考察了其研究中构建指数与企业绩效表现的关系。

关于监事会治理的评价，李维安和王世权（2005）在对现有监事会评价理论与实践回顾基础上，结合中国自身环境条件及改革进程，从监事能力保证性和监事会运行有效性两方面，设计了中国上市公司监事会治理绩效评价指标体系，并且利用调研数据对上市公司监事会治理水平进行了评价与实证研究。李维安和郝臣（2006）从监事会运行状况（包括监事会会议次数、监事会发表独立意见情况）、监事会结构与规模（包括监事会人数、职工监事设置情况、中小股东监事设置情况）和监事胜任能力（包括职业背景、学历、年龄、持股状况等）三个方面，设计了监事会治理评价指标体系。

关于经理层治理的评价，李维安和张国萍（2005）从任免机制、执行保障制度及激励约束机制3个维度、17个方面设置基于经理层评测的上市公司经理层治理评价体系。张运生等（2005）在借鉴国际经验的基础上结合我国国情特色，针对公司高层管理团队（top management team，TMT）治理状况，从TMT任免机制、TMT运作柔性、TMT激励制度等三个维度设计了中国特色的上市公司TMT治理绩效评价指标体系。

关于利益相关者治理的评价，王辉（2003）从保护性指标和参与性指标两方面衡量职工、债权人、客户、供应商和社区等重要利益相关者对公司治理状况的影响。其中，保护性指标主要是评价公司治理体系对利益相关者利益的保护程度，参与性指标主要评价利益相关者在公司治理过程中的参与程度。

关于信息披露评价，标准普尔公司的公司治理服务系统[①]在其公司评分部分专门设置了对财务透明与信息披露的评价要求。唐跃军和程新生（2005）借鉴中外有关上市公司信息披露的研究成果和法律法规，以信息透明度为核心，选择信息披露完整性、真实性、及时性三项评价指标，依据实证调研的数据对上市公司信息披露的真实性、及时性和完整性进行评价并得出信息披露指数。

（三）综合评价

20世纪90年代以来，公司治理评价的研究从专题性的要素评价向综合性的整体评价方向发展。最早的较为完善的公司治理评价系统是1998年标准普尔公司的公司治理服务系统，此后国内外营利性评级机构、媒体、交易所、机构投资者、行业协会和高校学者等从不同侧重点出发，建立起各具特色的公司治理综合评价体系。参考何红渠（2003）、施东晖和司徒大年（2003）、邓文剑（2008）的总结，这里对国内外比较典型的国内外公司治理评价体系进行介绍。

[①] 于1998年建立，并于2004年进行了修订。

1. 国外公司治理评价体系

国外对公司治理状况评价的研究产生较早，比较著名的有标准普尔公司、戴米诺公司、里昂证券有限公司的评价系统。

标准普尔公司的公司治理服务系统分为国家评分与公司评分两部分。国家评分关注宏观层次上的外部力量如何影响一个公司治理的质量，从法律基础、监管、信息披露制度及市场基础四个方面予以考核。公司评分主要集中于内部治理结构和运作，包括所有权结构及其影响、金融相关者关系、财务透明与信息披露、董事会的结构与运作四个维度的评价内容。

戴米诺公司的公司治理评价体系以《OECD 公司治理准则》及世界银行的公司治理指引为依据制定，从股东权利和义务、接管防御的范围、对公司治理的披露、董事会结构与功能等 4 个方面 70 多个指标评价公司的治理状况。其特点是强调了接管防御措施的影响，以及重视国家分析的作用。

里昂证券有限公司的公司治理评价体系从公司透明度、管理层约束、董事会的独立性与问责性、小股东保护、核心业务、债务控制、股东的现金回报及公司的社会责任等八个方面评价公司治理的状况。其特点是采取广义的公司治理定义，强调公司的社会责任；对公司管理政策的评价也纳入其中。

总的来看，国外公司治理评价体系大都根据世界银行、OECD 等提出的治理原则设定，同时考虑一些国家的实际情况，但各自的侧重点有所不同。

由于不同国家的政治、经济、法律等制度基础不同，社会文化也存在很大差异，因此不同国家或地区的公司治理也具有不同特点。因此学者纷纷构建了针对本国国情的公司治理评价体系，以便更好地指导本国公司治理实践。例如，Drobetz 等（2004）、Beiner 等（2006）、Black 等（2006）分别构建了德国、瑞士、韩国的公司治理指数以评价相应国家的公司治理质量。

2. 国内公司治理评价体系

我国对公司治理的研究起步较晚，但是发展迅速，目前已经取得了比较丰富的成果。首先介绍我国比较典型的几种公司治理综合评价体系。

2002 年海通证券研究所从公平性、透明性、责任性、治理与管理的匹配性出发，对中国上市公司的治理系统有效性进行评价，主要包括股权结构、股东权利、财务及治理信息披露、治理结构、治理与管理的匹配性等方面的内容（海通证券研究所上市公司治理评价项目组，2002）。

中国社会科学院世界经济与政治研究所公司治理研究中心参考了泰国企业董事联合会和麦肯锡公司共同推出的公司治理评价指标体系，结合《上市公司治理准则》（2002 年）的相关规定，从股东权利、对股东的平等待遇、公司治理中利益相关者的作用、信息披露和透明度，以及董事会的责任五个方面，对中国 100 家最大上市公司的公司治理进行评价（鲁桐和孔杰，2005）。

南开大学公司治理研究中心课题组于 2003 年提出"中国上市公司治理评价指标体系"，从股东权利与控股股东、董事与董事会、监事与监事会、经理层、信息披露及利益相关者 6 个维度，设置 80 多个评价指标，构建了中国上市公司治理的综合性评价系统。

可以发现，公司治理评价主体主要表现为学术研究机构、商业机构和监管方，在研究实践上呈现出了学术化、市场化和官方化的特点。

除了以上体系，还有其他学者和机构形成的丰富成果。例如，裴武威（2001）从所有权结构及影响、股东权利、财务透明性和信息披露、董事会结构和运作 4 个方面 18 项指标对上市公司治理进行评价。2002 年北京连城国际理财顾问公司提出从经营效果、独立董事制度、信息披露、诚信与过失、决策效果 5 个方面对董事会治理进行评价。中国证监会福州特派员办事处在 2002 年提出了中国上市公司治理评价体系，涵盖了所有权、控制权结构及影响，股东权利，董事会、监事会、经理层的构成和运作，激励约束机制，公司经营情况和关联方行为，公开信息披露。中诚信国际信用评级有限责任公司在 2005 年提出从股权结构与股东权利、控股股东与公司独立性、董事会结构及其运作、董事和管理层激励与绩效评价、信息披露与透明度等 5 个方面进行评价（邓文剑，2008）。

此外，一些学者针对不同性质的企业设计了公司治理评价体系。李军（2010）考虑到我国的社会制度决定了我国商业银行的特殊性，建立了国有控股商业银行的公司治理评价体系。杜运潮等（2016）从股权结构、股东权益、董事会、监事会、经理层、信息披露、其他利益相关者、社会责任、治理绩效、风险管控十大模块，构建基于混合所有制改革的国有控股上市公司治理能力评价指标体系，涵盖 10 个一级指标、29 个二级指标和 86 个三级指标，并选择 100 家国有控股上市公司为样本进行验证和分析。

也有学者针对不同行业的特点，设计专门的公司治理评价体系。周明等（2004）在借鉴国外成熟的公司治理结构评价体系经验的基础上，根据我国的法律、法规，结合目前信托公司存在的主要问题，建立了我国信托公司治理结构的评价体系框架。严若森（2010）构建了一个涵盖股东权益机制、董事会治理、监事会治理、经理层治理、信息披露机制、利益相关者治理、公司治理文化、公司社会责任等 8 个一级指标，以及与之相关的 33 个二级指标和 117 个三级指标的保险公司治理评价指标体系，并基于层次分析法对保险公司治理评分的计算方法进行了探讨，并借此对保险公司治理评分进行了算例分析。

纵观国内公司治理评价的研究，基本上都是在借鉴世界银行、OECD 等国际公认的公司治理原则、准则的基础上，综合考虑我国《公司法》《证券法》《上市公司治理准则》等有关法律法规要求，并且结合中国上市公司所处的特殊社会环境，从我国特有的公司治理内外部环境出发，探索适合我国公司实际情况的治理评价体系。与国外研究相比，我国学者比较关注上市公司的独立性、股东权益的保护、监事会及利益相关者参与治理等。

第三章 我国证券市场的逐步发展及现状评述

第一节 我国证券市场发展的历史沿革

一、我国近现代证券市场的发展

我国近代史上最早出现股票的时间可追溯至 19 世纪中期,在我国最先设立股份银行的英国汇丰银行发行了中国境内第一张股票。后随洋务运动的兴起,中国人尝试开办股份有限公司并发行股票。1873 年,第一张中国企业股票由李鸿章开办的轮船招商局发行,而后江南制造局、开平煤矿等洋务企业相继发行。1882 年,作为最早通商的五个口岸之一的上海已初步形成了证券市场,华商组织起"上海平准股票公司"专门从事股票交易。1891 年,"上海掮客公会"成立,代理外国股票买卖业务。1894 年,清政府决定由户部向官商巨贾发行总额为 1100 多万两白银的"息借商款",以支付甲午战争军费,这是我国首次发行的债券。战败后,清政府发行总额为 1 亿两白银的公债,筹集钱款交付赔款,时称"昭信股票"。

1911 年,辛亥革命推翻清王朝后,我国的民族工商业进一步发展,股份公司开设数量和股票发行数量均有所上升,是我国证券市场发展史上的新阶段。1914 年,上海股票商业公会成立,从事政府债券、公司股票和铁路债券的交易活动。同年 12 月北洋政府颁布的《证券交易所法》首次为证券交易提供可依循的初步法规。汉口证券交易所、北京证券交易所和天津证券物品交易所先后成立,并在 1916 年、1918 年和 1921 年开业经营,极大地促进我国近代史上证券市场的发展。20 世纪 30 年代,上海成为远东著名的国际金融中心。而后,我国证券市场因战事发展停滞不前。

二、我国当代证券市场的发展

新中国成立初期的证券市场基本上仅对政府资金筹措有助益作用。在 1950 年至 1958 年,我国发行了人民胜利折实公债和国家经济建设公债,这一阶段的债券发行完全由政府主导，属于政府行为，故并未允许上市流通。第一届全国人民代表大会常务委员会第九十七次会议决定，自 1959 年起停止发行全国性公债，改由各省、自治区、直辖市发行一种比较短期的地方公债。1978 年后，证券市场的发展主要得益于改革开放政策的实行。根据不同时期证券市场呈现出的差异化特征，本节将其发展历程划分为五个阶段，分别是建立起步期、曲折成长期、规范发展期、改革深化期和多层次资本市场建设期。

1）第一阶段：建立起步期（1978～1991 年）

1978 年，党的十一届三中全会提出把工作重点转移到社会主义现代化建设上来和实行改革开放，标志着我国进入了社会主义现代化建设的新时期。改革开放政策的落实有效地促进了我国经济体制改革的进行，同时为我国证券市场的复兴和建设创造了良好的环境。1986 年，《国务院关于深化企业改革增强企业活力的若干规定》发布，明确"全民所有制大中型企业要实行多种形式的经营责任制"，并提出股份制试点先行的落实举措。全民所有制企业改革的启动为新时期建立公司制企业奠定了基础。

在证券市场的建设起步期，我国进行了许多前所未有的重要尝试，大致总结如表 3-1 所示。

表 3-1　我国证券市场发展

时间	标志性事件
1980 年 1 月	中国人民银行抚顺市支行代理抚顺红砖厂面向企业发行 280 万股"红砖股票"，是我国股票市场的萌芽
1980 年 7 月	成都市工业展销信托股份公司按面值向全民和集体所有制单位发行股票，招股 2000 股，每股 1 万元。成都市工业展销信托股份公司是新中国成立以来内地有记载的首家以募集方式设立的股份公司
1981 年 1 月	国务院颁布《中华人民共和国国库券条例》，决定发行国库券来弥补财政赤字
1981 年	财政部正式发行 48.66 亿元国库券，是我国债券市场的开端
1984 年 7 月	北京天桥百货股份有限公司发行股票，是中国首家进行股份制改造的国有企业
1984 年 11 月	飞乐音响向社会发行 50 万元股票，成为新中国首只严格意义上的股票，拉开了中国股票市场的序幕
1985 年 1 月	延中实业发行 500 万元股票，其中集体股 200 万元，个人股 300 万元
1985 年 5 月	首只企业债券问世，沈阳市房地产开发公司向社会公开发行 5 年期企业债券
1986 年 8 月	首个债券交易柜台于沈阳开设，是新中国首个债券集中交易场所
1986 年 9 月	首个股票柜台交易点建立（上海信托投资公司静安分公司），办理延中实业和飞乐音响股票的代购、代销业务，是正规化交易市场的雏形

续表

时间	标志性事件
1987 年 9 月	首家证券公司（深圳经济特区证券公司）成立
1990 年 12 月	上海证券交易所开始正式营业。第一批上市的股票有"延中实业、真空电子、飞乐音响、爱使电子、申华电工、飞乐股份、豫园商城、凤凰化工"，史称"沪市老八股"
1991 年 7 月	深圳证券交易所正式营业
1991 年 8 月	中国证券业协会成立

　　证券市场建立起步阶段的主要表现是多主体"首创性"市场行为，国务院、金融机构、国有企业、股份制企业通过不同的方式和途径纷纷参与到证券市场中，同时推动集中交易场所的形成。这一阶段中，资本的流通仍存在于有限的试点范围内，发行数量虽大，但流通规模小。总体而言，证券市场有所复苏，却依然不景气。

　　2）第二阶段：曲折成长期（1992～1997 年）

　　1992 年，我国经济社会步入新阶段，发展社会主义市场经济成为深化改革的明确方向。1993 年，中国共产党十四届三中全会提出建立现代企业制度。经济环境的变化，促进我国证券市场的成长与发展。

　　这一阶段证券市场的显著特点是基础性制度逐步建立，证券市场由地方性市场向全国性市场转变，并且开始规范化运行。1992 年，我国 B 股市场建立，电真空 B 股和深南玻 B 股成功上市。B 股市场的建立，为引入国外资本创造了条件，是我国特定历史条件下经济社会发展的需要。同年 10 月，证券委和中国证监会成立，是我国证券市场开始逐步纳入全国统一监管范围的标志。《股票发行与交易管理暂行条例》和《企业债券管理条例》于 1993 年 4 月和 8 月由国务院相继颁布，二者与此后出台的各项法规和行政规章，初步构建起我国最基本的证券法律法规体系。1993 年 12 月《公司法》的出台对规范公司的组织和行为，保护利益相关者的合法权益，维护社会经济秩序有着重要意义。

　　监管制度框架的建立并不意味着能够实现平稳、有效的市场治理，一些违规事件陆续出现。影响较大的有涉及内部交易和违规操作的"327"和"319"国债期货事件[1]、损害投资者利益的长虹转配股违规上市事件[2]等。这些违规事件的出

---

　　[1]《国债期货市场介绍》，http://www.csrc.gov.cn/shenzhen/c1056143/c1575520/content.shtml[2022-02-21]；《期货市场的滑铁卢之战——327 事件》，https://business.sohu.com/37/74/article202717437.shtml[2022-02-21]；《我国利率期货存在的问题——就"327"、"319"国债期货事件进行分析》，https://www.docin.com/p-1374410324.html[2022-02-21]。

　　[2]《长虹转配股事件始末》，https://finance.qq.com/a/20101125/005819.htm[2022-02-21]。

现，反映出监管制度的不完善与法律规定的不健全，强化证券市场管理需要更为有效的规范化建设。1997 年，我国确定实行银行、证券、保险分业经营、分业管理的原则，这为进一步促进资本市场健康有序发展奠定基础。

3）第三阶段：规范发展期（1998～2004 年）

1998 年，证券委撤销，中国证监会成为中国证券期货交易的监管部门，通过下设机构实现全国范围内的管理。同年 12 月，《证券法》由第九届全国人民代表大会常务委员会第六次会议修订通过，定于 1999 年 7 月 1 日开始实施，并于 2004 年 8 月进行第一次修正。《证券法》的颁布，架构起我国证券市场基础的法律框架，为证券市场健康有序发展提供制度保障。此后，我国证券市场进入依法治市的规范发展期。2001 年 3 月，针对中小微型企业的全国性非上市股份有限公司股权交易平台新三板设立，为科技型中小企业提供股权融资的机会。2003 年 7 月，允许 QFII 进入我国证券市场。2004 年 1 月，《国务院关于推进资本市场改革开放和稳定发展的若干意见》肯定发展资本市场的重要意义，明确推进资本市场改革开放和稳定发展的指导思想和任务，完善资本市场相关的支持政策。同年 6 月，经中国证监会批准，深圳证券交易所设立中小板，为资质达不到主板上市要求的企业提供新的上市渠道，这一举措成为构筑多层次资本市场的关键一步。

证券投资基金进一步发展。1997 年，为加强市场监管，《证券投资基金管理暂行办法》颁布，封闭式证券投资基金公开发行上市。2001 年，华安创新作为我国首只开放式证券投资基金获准发行。2003 年 10 月，《中华人民共和国证券投资基金法》通过，并于次年 6 月 1 日施行。规范发展期出台的政策和法规对推进券商治理结构改善，完善证券市场交易规则等具有积极影响。

这一阶段中，股票市场的表现不尽如人意。2001 年 6 月 14 日，上海证券综合指数创历史最高 2245.44 点，但随之而来的是四年股价的不断下跌，最终跌破 1000 点（2005 年 6 月 6 日最低 998.23 点）[1]。股票市场难以稳定发展的隐患是我国股票市场股权分置的难题，这呼吁更为有效、更为深化的改革举措。

4）第四阶段：改革深化期（2005～2008 年）

2005 年 4 月，《关于上市公司股权分置改革试点有关问题的通知》经国务院批准由中国证监会发布，正式开始股权分置改革试点的建设，推进证券市场稳定发展。2005 年 11 月，全国人民代表大会常务委员会再一次对《证券法》进行修订，完善证券市场的法律规定。于 2006 年 6 月上市的中工国际是我国第一股全流通股票，我国证券市场自此实现 A 股全流通。2006 年 9 月，中国金融期货交

---

① http://finance.sina.com.cn/realstock/company/sh000001/nc.shtml[2020-09-16]。后文涉及股指数据的部分均来源于此。

易所设立，选址于上海。中国金融期货交易所的成立，促进证券市场的改革深化，对于完善资本市场体系，发挥资本融通功能有着重要意义。

证券市场的改革深化带来了证券市场成立以来的巅峰牛市，2006 年上海证券交易所、深圳证券交易所市价总值逾 8.9 万亿元[①]，2007 年 10 月 16 日上海证券综合指数最高超过 6100 点。股市的迅速发展一方面增强了投资者的信心，另一方面却加剧了股市"泡沫"的集聚，存在"破灭"的风险。2008 年，美国次贷危机的影响波及中国证券市场，股票指数再一次下跌。

5）第五阶段：多层次资本市场建设期（2009 年至今）

2009 年 10 月，中国创业板在深圳证券交易所推出，成为我国构建多层次资本市场体系的又一关键举措。创业板为暂时无法在主板上市的创业型企业、中小企业和高科技产业企业服务，帮助其解决上市融资的问题。2010 年至 2013 年，我国证券市场陆续推出融资融券、股票价格指数期货、转融资、转融券业务，拓展了原有的金融交易活动，为资本市场提供了双向交易机制，是我国证券市场的重要创新实践。2013 年 11 月，《中国证监会关于进一步推进新股发行体制改革的意见》发布，揭开了新一轮股票发行制度改革的序幕。2019 年 6 月，我国资本市场迎来科创板并试点注册制以强化市场功能。科创板增强了资本市场对企业的包容性，未盈利公司亦可申请在科创板进行上市，这在推动资本市场及科技创新深度融合的同时，为探索资本市场机制改革提供了实践机会。

综上所述，我国证券市场虽成立较晚，但发展较快。中华人民共和国成立后的 30 余年，改革成效显著，发展趋势良好，有利于优化资源配置，改善投融资结构，促进国民经济平稳健康地发展。

第二节　我国证券市场监管发展的不同阶段

随着我国证券市场的不断发展，相关部门和机构也在探索更为合理有效的证券市场监管措施。根据监督机构的不同，本节大致将我国证券市场监管发展划分为三个阶段：分散监管、多头监管和集中统一监管。

1）第一阶段：分散监管（1978～1991 年）

1978 年至 1992 年，我国证券市场基本处于建立成长期，以区域性设立试点逐步探索为主，股票发行仅限于少数试点企业，且大多数为国有企业融资。交易范围涉及并不广泛，机制体制亦尚未健全完善。此时的市场监管以中国人民银

---

① 《〈2006 年中国金融市场发展报告〉总论》，http://finance.cctv.com/20070531/100507.shtml[2020-09-16]。

行为主。上海证券交易所和深圳证券交易所成立后，一些企业尝试公开上市并且发行股票。此时，证券市场的监管主要由地方政府负责。

2）第二阶段：多头监管（1992～1997年）

1992年，"深圳810事件"[①]中内部人员舞弊和发售秩序混乱的现象，使管理者认识到公开、公平证券发行市场的重要性，于是开始进行管理规范化的探索。同年，证券委及中国证监会成立，对全国证券市场进行了统一监管，证券市场也逐步由区域性市场走向全国性市场。1996年3月，中国证监会分批授予地方监管部门部分监管职责，形成多头监管的态势。

3）第三阶段：集中统一监管（1998年至今）

1998年，国务院撤销证券委，将监管职能移交中国证监会，中国人民银行的监管职能也同时移交中国证监会，由中国证监会对地方证券管理部门进行垂直领导，提升了证券监管工作的效率。1998年，《中国证券监督管理委员会职能配置、内设机构和人员编制规定》说明中国证监会作为全国证券期货市场的主管部门，是国务院的直属事业单位。中国证监会的权威性加强，为其实行有力的市场监管提供了保证。虽然财政部、中国人民银行、中国银行业监督管理委员会等仍保有部分证券监管权，但中国证监会集中统一监管的局面已然明朗。

集中统一监管阶段中，监管主体职能得以明确，各项规范性文件的陆续出台为监管制度基本框架的形成奠定基础。2004年，《国务院关于推进资本市场改革开放和稳定发展的若干意见》发布，要求建设透明高效、结构合理、机制健全、功能完善、运行安全的资本市场，健全资本市场法规体系，加强诚信建设，并推进依法行政，加强资本市场监管，发挥行业自律和舆论监督作用。2010年，中国证监会修订《证券公司分类监管规定》，就证券公司风险管理能力评价指标、经营状况评价方法、类别划分标准及分类结果使用等方面进行了详细的规定与说明。《证券公司监督管理条例》于2008年出台，并于2014年进行修订，主要包括证券公司设立与变革条件的说明、组织机构建立健全的要求、业务规则与风险控制的规定、客户资产的保护，以及监督管理措施和相应法律责任等内容。这些规范性文件的出台为我国证券市场监督管理提供了制度遵循，是我国证券市场监管措施的重要组成部分。

我国证券市场监管体制从分散监管过渡到多头监管，后发展为集中统一监管，在一定程度上体现了我国证券市场的成长特点。现阶段，我国证券市场监管始终坚持如下原则：依法监管、保护投资者利益、公平公开公正，以及监管与自律相

---

①《惊心动魄的"810事件"：中国证券史不能忘却的一天！》，https://cj.sina.com.cn/articles/view/1653603955/628ffe7302000i9lw[2022-02-21]。

结合。在集中统一监管下，能最大限度避免证券市场发生系统性风险，使资本市场充分发挥作用，更好地为投资者、为企业、为实体产业服务。

第三节　我国证券公司的发展进程

伴随着证券市场的复苏与壮大，证券公司数量不断上升，管理资产规模不断增长。1987 年，深圳经济特区证券公司注册登记，成为全国首个成立的专业性证券公司。我国证券公司在 30 余年间快速发展壮大，据中国证券业协会统计，截至 2019 年 12 月 31 日，133 家证券公司总资产为 7.26 万亿元，净资产为 2.02 万亿元。证券公司的发展情况与经济环境密切相关，故本节以证券市场中发生的对证券公司具有深远影响的标志性事件为依据，将我国证券公司发展进程分为以下五个阶段。五个阶段划分的节点事件分别为证券交易所成立、《证券法》颁布、证券公司综合治理工作结束和融资融券等创新业务推出。

1）第一阶段：探索起步期（1987～1989 年）

深圳经济特区证券公司成立后两年时间内，仅有少数几家证券公司注册成立并发展至今。其中，规模较大的代表性证券公司有海通证券股份有限公司（1988 年成立）、浙江省证券公司（1988 年成立，现名称为方正证券股份有限公司）、广西证券公司（1988 年成立，现名称为国海证券股份有限公司）。

探索起步期间，证券公司整体规模不大，且由于当时经济尚未完全放开，其经营活动大多围绕债券发行展开，整体模式较为单一。但券商的出现，依然为证券市场注入了新的活力，更为之后大规模的证券公司涌现提供了可行参考。

2）第二阶段：快速成长期（1990～1998 年）

上海证券交易所和深圳证券交易所的成立，促进了股票业务的蓬勃发展。

在这一阶段中，证券业务类型不断丰富，证券公司的数量和规模得以大幅度提升，证券行业得以在全国范围内迅速扩展。

3）第三阶段：震荡发展期（1999～2007 年）

1998 年 12 月《证券法》的颁布，将证券公司管理经营纳入法律范畴，证券公司业务开展实现有法可依，证券公司数量在这一阶段也突破百家。

但随着证券公司业务的不断开拓，证券市场范围的不断扩大，市场风险在所难免。自 2004 年 8 月起，为维持证券市场交易秩序，促进证券行业健康发展，中国证监会在国务院的部署下，开始对证券公司实施综合治理。2005 年 7 月，中国证监会拟定的《证券公司综合治理工作方案》经国务院同意，正式生效。该方案指出证券公司综合治理工作要紧紧抓住宏观经济良性运行和证券市场深化改革的重要机遇，以加强防范、完善制度、形成机制、打击违法违规活动为目标。《证券公司综合治理工作方案》的出台对证券公司加强自身管理提出了更为严苛、更为明晰的要求。2007年8月，为期3年的综合治理工作基本完成，中国证监会处置风险证券公司约30家。

中国证监会综合治理工作的强力开展，从外部证券市场环境和证券公司内部治理两方面进行优化，对降低证券市场风险有着重要意义。

4）第四阶段：规范发展期（2008～2009年）

自2007年证券公司综合治理工作结束后，证券公司迎来了常规监管。相较于以往阶段，在这一阶段中，市场制度更为完善，市场秩序更为明朗，证券公司内部控制优化完善，抵御风险能力有所加强。

2008年的金融危机对我国证券市场亦有波及，A股持续走低，对证券公司经营业绩也有所影响。期间，相关利好政策的出台，如下调当时千分之三的印花税率至千分之一，在一定程度上缓解了股市低迷的境况。截至2008年12月31日，107家证券公司全年实现营业收入1251亿元，其中95家公司实现盈利，占行业公司数量的89%[①]。

总体而言，即使在金融危机期间，我国证券公司经营成果仍较为可观，维持了较高水平的营业收入。

5）第五阶段：创新发展期（2010年至今）

2010年后，除传统业务之外，我国证券市场出现了许多创新业务。2010年2月，中国金融期货交易所沪深300股指期货合约和业务规则获批通过，并于同年4月上市交易。2010年3月，我国融资融券交易试点启动，进入市场操作阶段。2011年至2014年，资产证券化业务进入常态化发展阶段，2014年后，资产证券化业务备案制的实施，促进其快速发展铺开。

各项创新业务的开展，激发了市场活力，证券公司迎来新的发展契机。

第四节　对证券公司实行监管的发展及现状

我国为实现对证券市场券商的监管，出台一系列法律法规和部门规章对其行为进行约束。本节总结中国证监会有关证券公司的规定，主要内容如下。

一、2001年5月《客户交易结算资金管理办法》

《客户交易结算资金管理办法》对客户交易结算资金账户的管理进行了详细规

---

① 《协会完成2008年证券公司经营情况初步统计》，https://www.sac.net.cn/hysj/zqgsjysj/200901/t20090119_11414.html[2020-09-23]。

定，要求包括券商及其营业部在存管银行开立客户交易结算资金专用存款账户和清算备付金账户；必须确定一家存管银行为主办存管银行，在主办存管银行开立自有资金专用存款账户等。该办法强调综合类券商的资金划拨与监督过程中的规范要求，对从事客户交易结算资金存管业务的商业银行提出了风险抵御能力、盈利能力、业务能力、合规能力等方面的资质要求。

该办法出台是实施证券交易结算资金规范化程序的重要遵循，能够有效帮助维护投资者利益。

二、2002 年 12 月《证券业从业人员资格管理办法》

《证券业从业人员资格管理办法》出台旨在加强证券业从业人员资格管理，促进证券市场规范发展，保护投资者合法权益。

中国证监会规定在证券公司、基金管理公司、基金托管机构、基金销售机构、证券投资咨询机构、证券资信评估机构和中国证监会规定的其他从事证券业务的机构中工作的专业人员需取得从业资格和执业证书。该办法就资格考试中违规的现象、提供虚假材料等情况做出处罚说明。

三、2006 年 7 月《国债承销团成员资格审批办法》

《国债承销团成员资格审批办法》出台旨在规范国债承销团成员资格审批行为，保护申请人和国债承销团成员的合法权益，促进国债顺利发行和市场稳定发展。

该办法就凭证式国债承销团成员和记账式国债承销团乙类成员申请人的资质及其享有的权利和应履行义务进行说明，并明确财政部、中国人民银行、中国证监会等部门或机构在申请与审批、退出与增补等环节的职责。最后，该办法就监督检查与处罚方式做出规定。

四、2011 年 10 月《转融通业务监督管理试行办法》

《转融通业务监督管理试行办法》出台的目的在于完善金融市场融资融券交易机制，并且规范相关业务执行流程，从而降低转融通业务过程中存在的风险因素。

根据要求，证券金融公司的组织形式为股份有限公司，注册资本不少于人民币 60 亿元，注册资本应当为实收资本，其股东应当用货币出资。办法对转融通业务规则做出解释，并说明开展转融通业务的资金和证券来源，主要包括：自有资金和证券；通过证券交易所的业务平台融入的资金和证券；通过证券金融公司的业务平台融入的资金；依法筹集的其他资金和证券。

五、2012 年 10 月《证券公司董事、监事和高级管理人员任职资格监管办法（2012 年修订）》

《证券公司董事、监事和高级管理人员任职资格监管办法（2012 年修订）》的出台旨在规范证券公司董事、监事、高管和分支机构负责人任职资格监管，提高董事、监事、高管和分支机构负责人的专业素质，保障证券公司依法合规经营。

该办法分别就券商董事、监事、高管和分支机构负责人任职资格条件进行说明，并规定相关职位申请与受理、审查与核准及正式任职等程序的流程规范。在监督管理方面，明令禁止证券公司董事、监事、高管及分支机构负责人利用职权获取非法收入及侵害公司和客户利益的行为。

该办法规定上述人员违反法律、行政法规和中国证监会的规定应承担的责任。

六、2013 年 10 月《证券公司客户资产管理业务管理办法（2013 年修订）》

《证券公司客户资产管理业务管理办法（2013 年修订）》的出台针对券商客户资产管理活动中各环节的重要职责做出说明，以明确要求促进投资者利益保护，对于维护行业公平秩序有重要意义。

该办法规定券商可以依法从事，"（一）为单一客户办理定向资产管理业务；（二）为多个客户办理集合资产管理业务；（三）为客户办理特定目的的专项资产管理业务"，同时对开展客户资产管理业务的基本业务规范做出说明。因券商经营业务中存在较高的风险，该办法特别强调券商的风险控制措施及客户资产托管业务中券商的职责。券商的监管需将内部自查与外部监督相结合，相关人员在该业务操作过程中，如果损害客户合法权益，应根据法律要求承担民事责任。

七、2015 年 6 月《证券公司融资融券业务管理办法》

《证券公司融资融券业务管理办法》细则有助于券商进行融资融券业务的规范化管理，建立健全行业中融资融券交易体制，规避融资融券业务可能带来的一系列风险，对于保护各方合法权益有着重要现实意义，在一定程度上可以有效促进融资融券业务的健康发展。

该办法规定了经营融资融券业务所禁止的行为，对券商申请融资融券的业务资格、业务规则进行了规定，并说明了债券担保和权益处理的相关事项。

八、2016年6月《证券公司风险控制指标管理办法》（2016年修正）

《证券公司风险控制指标管理办法》（2016年修正）通过可量化指标架构起一套完整的风险控制指标体系，涉及风险管理、资本结构、流动性、稳定资金四方面，要求券商具体指标达到该规定的要求，为完善对证券公司的监管提供了新途径。

特别地，2016年修正的办法要求证券公司必须持续符合下列风险控制指标标准："（一）风险覆盖率不得低于100%；（二）资本杠杆率不得低于8%；（三）流动性覆盖率不得低于100%；（四）净稳定资金率不得低于100%。"中国证监会可以根据特定产品或业务的风险特征，以及对证券公司的监督检查结果，要求证券公司计算特定风险资本准备。

九、2016年4月《证券投资者保护基金管理办法》

《证券投资者保护基金管理办法》的出台旨在建立一种长效机制，以促进券商提升风险控制防范、应急处理能力，从而最大限度地保护投资者利益不受损害，稳定证券市场秩序。

该办法明确基金公司的职责与组织机构的设置，并就基金筹集的来源、用途进行说明。其资金来源包括证券交易所的交易经手费、证券公司营业收入、证券发行时申购冻结资金的利息收入、接受捐赠等。该基金的应用范围有着较强的限制，"限于银行存款、购买政府债券、中央银行票据、中央企业债券、信用等级较高的金融机构发行的金融债券以及国务院批准的其他资金运用形式"①。

十、2017年4月《证券公司和证券投资基金管理公司合规管理办法》

《证券公司和证券投资基金管理公司合规管理办法》针对券商及证券投资基金管理公司出台，聚焦于二者合规管理，督促其落实业务规范，健康发展。

---

① 《证券投资者保护基金管理办法》，http://www.sse.com.cn/lawandrules/regulations/csrcorder/c/4110887.pdf [2021-12-11]。

该办法指出证券基金经营机构开展各项业务,应当合规经营、勤勉尽责,坚持客户利益至上原则,并对机构应遵循的基本要求做出说明。除合规管理职责外,该办法提出多项合规管理保障措施,包括对合规负责人任职条件的规定、合规部门及其管理人员的设立和独立性的保障、合规负责人考核等。根据要求,证券基金经营机构应当在报送年度报告的同时向中国证监会相关派出机构报送年度合规报告。

十一、2018 年 4 月《外商投资证券公司管理办法》

《外商投资证券公司管理办法》立足于我国证券市场开放的实际,就外商投资证券公司设立及运行进行详细说明,有助于加强对该主体的监管,并促进新时期证券市场对外开放。除此之外,该办法还就外商投资证券公司基本信息、设立条件,外商投资证券公司的境外股东具备条件、出资形式等做出了详细规定。

21 世纪以来,我国出台的多部法律法规为证券市场架构起一个较为完整的体制框架,涉及券商业务规范、合规管理、投资者保护等多领域。但目前,我国证券市场监管仍然存在一定的问题。证券市场监管决策科学性有待提升。自证券委撤销后,中国证监会成为我国唯一的市场监管机构。如此一来,一方面,中国证监会的权威性得到最大限度的认可;另一方面,决策权集中,出现失误的可能性也有所提升。此外,证券市场监管的法律制度尚需完善。我国证券市场的不断发展,科创板等新制度、新事物也随之推行,在实践中可能会出现许多现行法规条例无法解决的问题。因此,更新和完善法律法规体系尤为关键。在立法阶段,需加强全局性的考量,做好统一规划。

第四章　证券公司的违规情况统计及案例分析

第一节　我国证券市场存在的主要违规行为

一、《证券法》禁止的交易行为

《证券法》的颁布对健全我国证券市场交易制度、维持正常交易秩序有着重要意义，有助于推动证券市场改革深化落地、有效防范系统性金融风险。2019年12月28日，第十三届全国人民代表大会常务委员会第十五次会议审议通过第二次修订的新《证券法》，于2020年3月1日起施行。

新《证券法》就证券发行、证券交易、上市公司的收购、信息披露和投资者保护等相关流程和关键信息做出更为确切的说明，并对证券市场中的交易场所、登记结算机构、服务机构、监督管理机构和中国证券业协会的职能进行详细的阐述。同时，新《证券法》第五十条至第六十一条明确说明了我国证券市场禁止的交易行为，对内幕信息知情人等界定给出了进一步补充。

我国证券市场存在的主要违规行为包括但不限于新《证券法》第五十条至第六十一条法律条文所禁止的交易行为，还包括信息披露、合规管理等多方面。例如，新《证券法》第七十八条对发行人及相关义务人信息披露质量提出了要求。证券市场中的主体若违反相关规定，应依法承担法律责任。

二、证券市场主要违规行为分析

新《证券法》中明确禁止内幕交易、操纵证券市场和损害客户利益等非正当交易行为，但此类行为在证券市场中却时有发生，本节就证券市场发生的典型违规行为进行分析。

（一）公司治理与合规管理违规

按照中国证监会针对证券公司公司治理、内部控制和合规管理出台的相关规范性文件，即《证券公司治理准则》《证券公司内部控制指引》《证券公司和证券投资基金管理公司合规管理办法》，本节将公司治理和合规管理违规行为划分为公司治理违规、内部控制不完善和合规管理违规三类。

公司治理有狭义和广义两种定义，狭义的公司治理是指由股东大会、董事会和高管组成的组织结构，从广义的角度来看，公司治理是指有关公司控制权和剩余索取权分配的一整套法律、文化和制度安排（李维安和戴文涛，2013）。根据《证券公司治理准则》的具体内容，该文件中的公司治理是指狭义的定义。《证券公司内部控制指引》中证券公司内部控制是指"证券公司为实现经营目标，根据经营环境变化，对证券公司经营与管理过程中的风险进行识别、评价和管理的制度安排、组织体系和控制措施"。而《证券公司和证券投资基金管理公司合规管理办法》所称的合规管理是指证券基金经营机构制定和执行合规管理制度，建立合规管理机制，防范合规管理风险。公司治理是内部控制和合规管理的重要基础，内部控制可以防范合规风险，但不能完全化解合规风险，因为内部控制只涉及合规管理中合规风险的识别与评估。

（二）违规买卖证券

违规买卖证券行为的认定主要依照新《证券法》条文。例如，新《证券法》第一百三十三条规定："证券公司接受证券买卖的委托，应当根据委托书载明的证券名称、买卖数量、出价方式、价格幅度等，按照交易规则代理买卖证券，如实进行交易记录；买卖成交后，应当按照规定制作买卖成交报告单交付客户。"这为证券行业从业人员提供了受理客户买卖证券委托的程序依据，同时对证券公司业务流程的合法化做出了明确要求。新《证券法》也规定了证券公司和从业人员在证券买卖方面的行为规范：在经纪业务中不得代客户理财，不得做出收益承诺，不得私下接受客户委托买卖证券等。

（三）虚假记载、重大遗漏

虚假记载、重大遗漏是指具有信息公开义务的市场主体及其所属人员，对证券活动的事实、性质、前景、法律责任等重要事项做出不实、严重误导或重大遗漏的陈述，致使投资者在不明真相的情况下决策失误，发生损失的不法行为（尚春霞，2002），可存在于发行申请书、招股说明书、债券募集说明书等文件中对公司资本、盈利能力、投资价值、风险因素的描述，也可以反映在上市报告、定期报告、重大事件报告、投资风险报告等文件中对公司经营状况、重大变动、交易行情、交易记录等说明中。

虚假记载、重大遗漏是劣质企业逃避市场优胜劣汰法则的常见手段，违背了法律对相关主体信息披露义务的规定，破坏了市场公平、公正、公开的基本原则，损害投资者对公司实际运作状况的知情权，可能导致投资者重大损失，扰乱资本市场正常秩序，不利于国民经济的长期、稳定、健康发展。

（四）内幕交易

简单来讲，内幕交易是交易中的一方利用自己的信息优势从事证券交易的行为。产生内幕交易必要的条件是交易者之间的信息不对称且双方之间的信息不对称问题得不到有效解决。

内幕交易中，内幕信息的知情人[1]是关键。内幕信息[2]是内幕交易产生的前提条件，也是判定内幕人员和内幕交易行为的重要因素。内幕信息是大众投资者不能获取或者经过合法渠道无法获取的信息，其最显著的特点是信息的非公开性和重大性，能够给公司经营活动和股票市场价格带来重大影响。假如行为人在交易时利用的信息尚未通过公司官网或者其他证券监督管理机构指定的渠道向社会公布，就可以被认定为非公开信息。

（五）操纵证券市场

证券市场中的操纵行为指的是，某个人或某个组织，背离自由竞争和供求关系而人为地制造证券行情（宋晓明，2006），创造虚假交易繁荣和虚假价格，诱使一般投资者盲目跟从，参与买卖，从而为自己争取利益。主要客观表现有洗售、相对委托、安定操作、连续交易、散布谣言和联合操纵等。

操纵证券市场是对证券市场自由性的干扰，其本质在于以人为因素控制证券价格。操纵证券市场存在诸多危害，操纵行为通过虚构供求关系抑制了市场机制的正常运作，欺诈公众投资者，导致投资狂热，引发过度投机，不利于社会经济生活的健康发展。

（六）欺诈客户

欺诈客户是指证券公司及其从业人员在证券发行、交易及其他相关活动中，利用职务之便，编造、传播虚假信息或者诱导投资者的行为，以及利用其作为客户代理人或顾问的身份便利，违背投资者真实意愿，损害投资者利益的行为（夏玉琴，2014）。

欺诈客户是基于双方委托代理关系发生的，行为人有主观故意，且已实施欺

[1] 新《证券法》第五十一条对证券交易内幕信息的知情人的范围进行了明确规定。
[2] 新《证券法》第五十二条对内幕信息做出了定义："证券交易活动中，涉及发行人的经营、财务或者对该发行人证券的市场价格有重大影响的尚未公开的信息，为内幕信息。"

诈投资者的行为。故意实施欺诈客户行为必须具备两个要素：一是投资者在证券公司的诱导下陷于错误认识，从而做出不利于自己的投资决定；二是证券公司的诱导行为有充分的利己性。主要客观表现为违背指令、不按时提供成交证明、诱导不必要交易。

三、违法违规行为的法律责任

新《证券法》的出台，大幅提高了证券违法违规行为成本。例如，新《证券法》第一百九十一条和第一百九十二条将虚假陈述、内幕交易、操纵市场等证券违法违规行为的罚款上限，由原本最高 60 万元提升到最高 1000 万元。新《证券法》对证券市场违规行为的打击力度有所加强，并且详细规定利用未公开信息交易的处罚方式，这有利于维护证券市场正常的交易秩序。

新《证券法》的出台，更为注重保护投资者利益。新《证券法》将"投资者保护"单独列章，并对相应制度进行创新，如第八十九条规定"普通投资者与证券公司发生纠纷的，证券公司应当证明其行为符合法律、行政法规以及国务院证券监督管理机构的规定，不存在误导、欺诈等情形。证券公司不能证明的，应当承担相应的赔偿责任"。该法律条文中举证责任倒置，有利于规范证券公司业务操作，更好地维护投资者利益。

新《证券法》的出台，加强了执法保障力度。新《证券法》第十三章"法律责任"，对各项违法违规行为的处罚方式和处罚原则做了清晰的说明，为监管部门行使监督职能提供了依据和标准，降低了监管执法的难度。

第二节　我国证券市场中券商的违规行为

随着我国证券市场发展，违规行为时有发生，这反映出当前我国上市公司治理存在明显的缺陷和不足（齐岳等，2018）。本节聚焦证券市场重要参与者——券商，梳理 21 世纪以来我国证券市场中券商相关的典型违规行为，并就实际案例进行整理分析。

一、违规行为统计与分析

本节以上市证券公司为样本，收集 2000 年至 2019 年 20 年间的证券公司违规数据。参考中国证监会发布的《证券公司分类监管规定》（2017 年修订）中相关评价指标，以及杨敏和张晴（2016）对证券公司违规行为的分类，本节将证券公司违规行为详细划分为 11 类，并进行初步统计，结果如表 4-1 所示。

表 4-1　证券公司违规行为分类统计表

违规行为类型	违规事件次数/次	总体占比
公司治理与合规管理	96	27.99%
违规买卖证券	74	21.57%
虚假记载、重大遗漏	70	20.41%
信息披露	33	9.62%
客户管理与权益维护	25	7.29%
向客户融资融券	16	4.66%
信息系统安全	10	2.92%
内幕交易	7	2.04%
承销与保荐违规	7	2.04%
操纵股价	3	0.87%
承诺证券收益	2	0.58%
合计	343	100%

资料来源：国泰安数据库和根据中国证监会处罚公告手工整理

由表 4-1 可知，在 2000 年至 2019 年证券公司违规行为共发生 343 次，出现频次最高的前三类分别是公司治理与合规管理，违规买卖证券，虚假记载、重大遗漏。其中，公司治理与合规管理违规行为发生次数最多，达 96 次，所占比例最高，为 27.99%；其次是违规买卖证券，发生次数为 74 次，所占比例为 21.57%；虚假记载、重大遗漏发生次数为 70 次，所占比例为 20.41%。

信息披露（9.62%）和客户管理与权益维护（7.29%）在所有违规行为中所占比例较高，均超过了 5%。信息披露包括信息披露不及时、不准确、不完善和信息披露制度不完善，客户管理与权益维护包括未对客户身份进行审查、客户佣金管理不规范、未按照客户要求签订合同、未评估客户的风险承受能力。

二、违规行为数量分布特征

2000 年至 2004 年是券商违规行为的高发阶段，仅 2004 年一年就有多家证券公司被托管。违规行为涉及挪用客户资产、违规开展委托理财、非法融资和对外担保等多项，证券市场整体风险增加，证券行业发展陷入低谷，影响到整个资本市场的稳定健康发展。2004 年,《国务院关于推进资本市场改革开放和稳定发展的若干意见》为资本市场建设提出改革要求。2005 年，中国证监会拟订《证券公司综合治理工作方案》并生效施行。证券行业进入长达 3 年的综合治理时期，至 2007 年 8 月，综合治理基本完成，期间约 30 家高风险券商被责令关闭。

图 4-1 展示了 2005～2019 年各年份上市券商违规次数的发展趋势。在券商综合治理期间，受市场政策环境和券商整改关停的影响，券商违规行为发生次数相对较少。加之，2007 年之前全国上市证券公司数量有限，导致本节收集的数据代表性较差，并不能完全反映综合治理期间及以前年度券商违规行为特征，故不做过多数据层面的分析。2008～2009 年，券商违规次数依然维持在较低的水平，均不大于 5 次。自 2010 年开始，券商违规次数逐年攀升，至 2015 年达到峰值。而后出现下降趋势，2018～2019 年券商违规行为发生次数均小于 20 次。由此可见，券商违规行为的发生具有明显的阶段性特征。

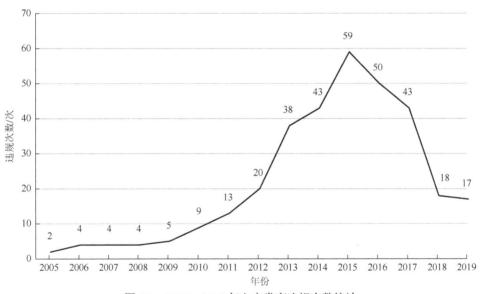

图 4-1 2005～2019 年上市券商违规次数统计

三、券商违规行为阶段性特征分析

为进一步分析各阶段券商的违规行为，本节总结了中国证监会券商综合治理完成后的各阶段内券商违规行为发生的主要类型，如表 4-2 所示。

表 4-2　证券公司违规行为分类统计表　单位：次

违规行为类型	2008~2009 年	2010~2014 年	2015 年	2016~2019 年
违规买卖证券	7	36	10	16
向客户融资融券	0	6	6	4
客户管理与权益维护	0	5	2	18
公司治理与合规管理	0	33	14	49
操纵股价	0	0	2	1
内幕交易	0	2	1	4
承诺证券收益	0	2	0	0
虚假记载、重大遗漏	0	28	15	23
承销与保荐违规	2	1	0	2
信息披露	0	7	3	10
信息系统安全	0	3	6	1
合计	9	123	59	128

由表 4-2 可知，2008~2009 年券商违规类型较为单一，集中于违规买卖证券（7 次）和承销与保荐违规（2 次）。上市券商并未发生其他类型违规行为，可见中国证监会三年综合治理的成效显著，强有力的整治措施很大程度上防止了多种形式的违规行为出现。

2010~2014 年违规行为发生次数开始增多，相较于 2008~2009 年的违规情况有较大差异，违规行为类型多变，更加复杂、难以识别。多发的违规行为包括违规买卖证券，公司治理与合规管理，以及虚假记载、重大遗漏三种类型。中国证监会 2010 年第 20 号公告《关于修改〈关于加强上市证券公司监管的规定〉的决定》中增加了对内幕交易的监管措施，要求上市券商依据监管规定，建立健全相应制度，如内幕信息知情人登记制度等多项制度，防止利益冲突和内幕交易行为的发生。但证券从业人员出现内幕交易违规行为次数仍在增加，如 2011 年 11 月，中国证监会对时任中信证券股份有限公司（以下简称中信证券）研究部质量总监、电力行业首席分析师、山西漳泽电力股份有限公司（以下简称漳泽电力）独立董事杨治山涉嫌利用内幕信息交易"漳泽电力"股票行为立案稽查，经查，杨治山相关交易行为涉嫌犯罪，2012 年 2 月，中国证监会将该案移送公安机关查处①。

2015 年发生的"股灾"，是我国证券发展史上系统性金融风险集中爆发的大事件，其形成受多方面因素影响，股市泡沫积聚、过度杠杆化、投资者跟风入市等。其中，股市高位"去杠杆化"是"股灾"发生的导火索成为目前学界较为认

---

① 《证监会通报杨治山涉嫌内幕交易案情况》，http://www.csrc.gov.cn/csrc/c100200/c1000565/content.shtml[2022-05-27]。

可的观点。当时，场内资金和场外配资都达到了历史高点。证券市场能够撬动如此大规模的资金与融资融券业务和股指期货业务发展密切相关。在"股灾"期间，券商违规次数明显增加，券商向客户融资融券违规次数达到单年度最高值（6次）。除此之外，虚假记载、重大遗漏（15次），公司治理与合规管理（14次），违规买卖证券（10次）和信息系统安全（6次）等四种类型违规行为多发。客户管理与权益维护类型违规次数相对较少，仅有2次，但其发生与新技术应用相关联。客户管理与权益维护违规主要是对相关客户身份缺乏了解，出现原因是包括华泰证券、海通证券、广发证券、方正证券在内的多家知名券商使用杭州恒生网络技术服务有限公司开发的恒生订单管理系统，该系统具有开设子账户功能，可以在主账户下开设若干子账户，使投资者无须开立证券账户即可进行证券交易。由此一来，券商在业务开展过程中可为客户完成开立虚拟账户、代理客户买卖证券等操作。这违反了《证券法》《证券公司监督管理条例》关于证券账户实名制、未经许可从事证券业务的规定，严重损害投资者利益，扰乱证券市场秩序。新兴技术的不当应用使得新的违规行为发生，给监管带来挑战，中国证监会随即发布2015年第19号公告《关于清理整顿违法从事证券业务活动的意见》，整顿违规行为，对相关证券公司采取行政处罚措施，要求证券公司严格审查客户身份的真实性、交易账户及交易操作的合规性。随着新技术的发展和应用，新的违规类型出现，甚至可能集中爆发，给监管带来挑战，也给证券市场带来风险，因此需要监管与时俱进、逐步完善，发挥保护投资者利益、维护证券市场秩序的重要作用。

2016～2019年，主要违规类型与前几年基本相同。由于2015年"股灾"发生后监管层加强监管、防范证券市场系统性风险，2016年券商违规行为次数开始降低。这一阶段公司治理与合规管理违规行为次数大幅增加，虚假记载、重大遗漏，违规买卖证券及信息披露违规行为次数也呈现上升趋势。其中公司治理与合规管理违规涉及业务广泛，包括研究报告业务、融资融券业务、投资咨询业务，违规原因是在业务出现违规时未能及时识别或者发现违规时未能及时自纠，这反映出证券公司内部控制制度本身存在缺陷，以及其在开展业务时合规意识淡薄。为了减少公司治理与合规管理违规，帮助证券公司树立合规经营意识，中国证监会于2017年发布《证券公司和证券投资基金管理公司合规管理办法》，规定了证券公司合规管理职责，包括证券公司开展各项业务时应采取的合规管理措施，要求证券公司聘请具备资质的合规负责人作为合规管理保障，并对监管机构监督管理职责和证券公司合规管理违规的法律责任进行规定，做到监管有法可依。

伴随着证券市场的不断发展，新型业务的不断开发，券商违规行为的主要类型有所改变，目前主要集中于公司治理与合规管理及虚假记载、重大遗漏。且2019年，券商出现公司治理与合规管理违规及虚假记载、重大遗漏的次数相较之前大幅降低，分别为 7 次和 3 次。这说明对于既往已经发生的违规行为，国家通过采取有关措施有效地降低了其发生的可能性。证券市场的平稳发展，有助于防范系统性金融风险，同样有助于国民经济的健康运行。

第三节　案例选编

一、光大证券内幕交易引发市场大幅波动①

（一）事件概况

2013 年 8 月 16 日，上海证券综合指数以 2075 点低开，至上午 11 时，仍保持在低位。11 点 05 分，由于光大证券股份有限公司（以下简称光大证券）订单执行过程中发生错误，形成了大量预期外市价委托订单。权重股被大额订单拉升后，市场上众多机构投资者跟风支付购买，从而带动了上海证券综合指数和其他股票价格的上涨，上海证券综合指数瞬间上涨 5.96%，近 60 只权重股瞬间封涨停。11 点 30 分收盘时，上海证券综合指数为 2149 点，收盘前最高达 2198 点。A 股的暴涨源于光大证券自营盘 72 亿元的"乌龙指"。

当日 13 点，光大证券临时停牌。13 点 22 分左右，媒体向光大证券多名高管电话求证，均未得到回复。停牌后，光大证券未主动公告其错单信息，并执行卖空股指期货、卖出 ETF 的市场操作来实现对冲。直至 14 点 23 分左右，才发布通知公告，承认其套利系统出现问题，公司已经进行相关核查及处置工作。

此后，上海证券交易所和中国证监会上海监管局对光大证券异常交易的原因展开调查。

（二）处理结果

据中国证监会调查结果，2013 年 8 月 16 日 11 时 05 分，光大证券在进行 180ETF 套利交易时，因套利策略系统程序错误，重复生成 26 082 笔预期外的市价委托订单并被直接发送至交易所，订单额度高达 234 亿元，实际成交 72.7 亿元。同日不晚于 11 时 40 分光大证券达成通过做空股指期货、卖出 ETF 对冲风险的意见。

内幕信息具有非公开性和重大性两个重要特征，在光大证券发布公告说明套利

交易出现问题之前，错单信息具有非公开性。上证 180ETF 成份股对沪深 300 指数，上证 180ETF、上证 50ETF 和股指期货合约价格有重要影响，因而其对上证 180ETF 的巨额申购引起了证券市场剧烈的波动。市场上的投资者观察到大笔订单的申购成功，又相继买入，但基于错单行为的市场选择并不能够有效保障投资者的利益，很多投资者遭受损失。由此，可见其错单信息具有内幕信息的重大性特征。如果巨额订单是误操作或技术性错误，说明其内部控制存在明显缺陷，信息系统管理问题较多，那么光大证券在发现失误后并未在第一时间向公众说明，而是在下午开盘时进行风险对冲操作，则涉及价格操纵和内幕交易。

中国证监会根据《证券法》和《期货交易管理条例》，认定光大证券是内幕信息知情人，其当日 14 时 22 分发布公告前做空股指期货、卖出 ETF 的行为构成内幕交易。对此，中国证监会对光大证券依法追究行政责任，没收其违法所得并处以 5 倍罚款，罚没款共计 523 285 668.48 元；对内幕交易直接负责的主管人员和其他直接责任人员等 5 人给予警告，并分别处 60 万元罚款。

二、西南证券从事并购重组业务违反规定①

（一）事件概况

2015 年 6 月，鞍山重型矿山机器股份有限公司（以下简称鞍重股份）进行重大资产重组，由西南证券股份有限公司（以下简称西南证券）担任财务顾问，主要负责人为童星（时任西南证券并购融资总部副总经理）和朱正贵（时任西南证券并购融资总部项目经理）。2016 年 4 月，西南证券为其出具《关于鞍山重型矿山机器股份有限公司重大资产置换及发行股份购买资产并募集配套资金暨关联交易之独立财务顾问报告》，但因其未对重组标的公司浙江九好办公服务集团有限公司（以下简称九好集团）进行充分核查和验证，报告中出现虚假记载的情况。

事件发生原委大致如图 4-2 所示。

西南证券的重大失误在于在对九好集团进行尽职调查的过程中不够勤勉尽责，未能审慎核查。西南证券曾向兴业银行杭州分行发出资金询证函以确认九好集团截至 2015 年底在兴业银行存款情况及是否存在抵押、质押情形，兴业银行一直未回函。西南证券在未落实九好集团兴业银行中 3 亿元结构性存款的情况下，仅通过查看回款记录、访谈集团高管、获取书面确认等渠道便证明存款的真实性。

---

① 《中国证监会行政处罚决定书（西南证券股份有限公司、童星、朱正贵）》，http://www.csrc.gov.cn/csrc/c101928/c1042691/content.shtml[2022-02-21]。

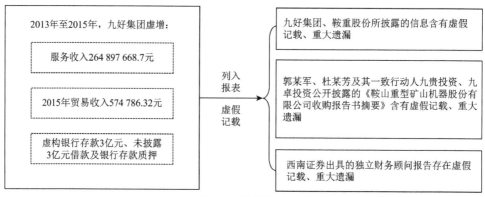

图 4-2　事件梳理

在兴业银行未对资金询证函进行回复、浙江证监局约谈提示西南证券现场相关人员的情况下，西南证券就出具了独立财务顾问报告。西南证券没有保持严谨认真的态度，致使独立财务报告中出现虚假记载、重大遗漏。

（二）处理结果

西南证券的上述行为违反对财务顾问参与上市公司并购重组工作的尽职调查和审慎核查的规定[①]，也违反了《证券法》对证券服务机构及其人员对所依据和出具文件内容的真实性、准确性、完整性负有职责的规定[②]，构成证券服务机构所制作、出具的文件有"虚假记载、误导性陈述或者重大遗漏"[③]的情形。

本次重组中，西南证券未按照规定与委托人鞍重股份签订委托协议，未明确双方的权利和义务。西南证券收到重大资产重组标的公司九好集团支付的辅导顾问费用 100 万元。证监会决定：①责令西南证券改正，没收业务收入 100 万元，并处以 500 万元罚款；②对童星、朱正贵给予警告，并分别处以 10 万元罚款。

三、国开证券经纪人操纵证券市场[④]

（一）事件概况

朱炜明，自 2010 年 8 月 20 日起至 2014 年 8 月 26 日担任国开证券有限责任

---

① 《上市公司并购重组财务顾问业务管理办法》第十九条，第二十一条第一款和第二十二条第一款。

② 《证券法》第二十条第二款和第一百七十三条，即新《证券法》第十九条和第一百六十三条。

③ 《上市公司重大资产重组管理办法》第五十八条第二款，《上市公司并购重组财务顾问业务管理办法》第四十二条和《证券法》第二百二十三条（新《证券法》第一百六十三条）。

④ 《中国证监会行政处罚决定书（朱炜明）》，http://www.csrc.gov.cn/csrc/c101928/c1042798/content.shtml[2022-02-23]。

公司（以下简称国开证券）上海龙华西路营业部经纪人，主要从事股票经纪业务。在其任职期间，实际控制多个证券账户买卖股票，并操纵证券市场。

朱炜明利用其父亲、母亲及祖母的身份信息分别于 2006 年 3 月 1 日、2007 年 11 月 8 日和 2009 年 4 月 28 日开立了三个证券账户（朱氏账户组），这为其买卖证券提供了便利条件。据调查，朱炜明作为证券从业人员从事股票交易期间，通过这三个账户共计实现了 132 只股票的交易买卖，获利 4 526 731.70 元。

2013 年 3 月 1 日至 2014 年 8 月 25 日，在上海电视台第一财经频道"谈股论金"节目中，朱炜明担任特邀嘉宾，对多只股票进行公开评价、预测及推介。在电视节目播出之前，朱炜明便通过其实际控制的三个证券账户买入相关股票，并于节目首播后的三个交易日内抛售。在财经节目中公开推介股票在一定程度上可以影响投资者的投资选择，吸引投资者的目光，而当众多投资者买入股票时，相关股票市场价格会被拉升，此时出售提前购买的股票便能够获得较为可观的收益。朱炜明的公开荐股行为人为地影响了证券市场上股票的交易价格和交易成交量，事先买入、事后卖出的交易行为为其带来了 439 254.59 元的利益。朱炜明在节目中公开推介股票的详细信息总结如表 4-3 所示。

表 4-3　朱炜明公开推介股票情况　　　　　单位：元

股票简称	买入时间	交易股数	买入金额	卖出时间	卖出金额	获利金额
利源精制	2013 年 3 月 1 日	70 000	1 541 846.48	2013 年 3 月 4 日	1 467 942.00	−73 904.48
万马股份	2013 年 3 月 8 日	110 000	616 146.36	2013 年 3 月 11 日	622 212.66	6 066.30
博晖创新	2013 年 4 月 18 日	8 000	147 258.88	2013 年 4 月 19 日	149 899.85	2 640.97
三泰电子	2013 年 5 月 15~16 日	80 042	1 048 584.59	2013 年 5 月 20 日	1 139 820.66	91 236.07
北京君正	2013 年 7 月 5 日	40 000	680 954.25	2013 年 7 月 8 日	679 116.00	−1 838.25
富奥股份	2014 年 6 月 20 日	56 545	347 856.08	2014 年 6 月 23 日	352 946.77	5 090.69
天原集团	2014 年 8 月 1 日	375 703	3 059 172.77	2014 年 8 月 4 日	3 170 734.46	111 561.69
上海物贸	2014 年 8 月 7 日	185 986	1 897 066.51	2014 年 8 月 11 日	1 913 053.85	15 987.34
襄阳轴承	2014 年 8 月 15 日	422 700	2 123 192.77	2014 年 8 月 18 日	2 399 812.12	276 619.35
神剑股份	2014 年 8 月 21 日	130 000	928 778.55	2014 年 8 月 25 日	934 573.46	5 794.91

资料来源：根据中国证监会公告整理

前四只股票的买卖交易通过其祖母"张某英"的证券账户实现，后六只股票的买卖交易通过其父"朱某荣"的证券账户实现。

（二）处理结果

朱炜明在"谈股论金"节目中，通过明示股票名称、描述股票标识性信息、展示 K 线图等方式向投资者进行公开推介,投资者可以据其分析推断出相关股票,并采取相应投资行为,因此朱炜明的行为可认定为公开荐股。

朱炜明操纵证券市场的责任,并非仅由于其公开荐股行为,更是由于其先行建仓、公开荐股、反向卖出的系列行为,属于《证券法》所述从业人员违法买卖股票行为,同时构成操纵证券市场行为。因此,中国证监会决定没收其违法买卖股票和操纵证券市场所得 4 526 731.70 元,并处以罚款 13 580 195.10 元。

第五章　新时期我国证券市场监管的发展需求

第一节　我国证券市场改革的要求及成果

我国证券市场通过不断深化改革和扩大对外开放，取得了举世瞩目的成就。从 1990 年上海证券交易所、深圳证券交易所的正式运营到如今已有 30 余年的发展历史，中国证券市场经历了从无到有、从小到大、从无序到有序的发展历程。从创办时期的上海证券交易所"老八股"和深圳证券交易所"老六股"，总市值仅 28 亿元，到 2020 年上海证券交易所、深圳证券交易所上市公司突破 4000 家，总市值突破 80 万亿元，我国证券市场发展成为全球第二大股票市场和债券市场，商品期货成交量位居世界第一，债券市场、期货及衍生品市场蓬勃发展，产品日益丰富，多层次资本市场架构已基本搭建完成。

本节将从证券发行审核制度、国有企业改革、退市制度、投资者保护等方面回顾和总结我国证券市场 30 多年来的改革成果。

一、证券发行审核制度改革[①]

证券发行制度是证券市场最基础的制度之一，其健全与完善程度很大程度上影响着证券市场功能的充分发挥。1993 年我国建立起了全国统一的股票发行审核制度，经历了审批制、核准制和注册制三个阶段。总体来看，我国证券发行审核制度不断向着市场化和法治化的方向前进。

（一）审批制：1993～2000 年

1. "额度管理"阶段：1993～1995 年

1993 年 4 月，国务院颁布了《股票发行与交易管理暂行条例》，"在国家下达的发行规模内，地方政府对地方企业的发行申请进行审批"的规定标志着我国证

---

① 资料来源：《中国总会计师》2015 年第 4 期《中国新股发行审核制度的历史演进》。

券发行的审批制正式确立。审批制具有比较浓厚的计划经济色彩，实行"额度控制"，即当年全国证券发行总量及各省证券发行额度都需要根据经济发展计划确定和分配；中国证监会对企业的盈利质量和发展前景等方面进行实质审查后，确定是否授予企业发行额度，并对企业发行股票的规模、价格、发行方式、时间等做出安排。总体来说，在我国资本市场亟待发展的情况下审批制显得僵化，证券的发行和定价受到较多行政力量的干预。

2. "指标管理"阶段：1996～2000 年

1996 年，证券委公布了《关于 1996 年全国证券期货工作安排意见》，推行"总量控制、限报家数"的指标管理办法。由国家计划委员会、证券委共同制定股票发行总规模，中国证监会在确定的规模内，根据市场情况向各省级政府和行业管理部门下达股票发行家数指标，省级政府或行业管理部门在指标内推荐预选企业，证券监管部门对符合条件的预选企业同意其上报发行股票正式申报材料并审核。1997 年，中国证监会下发了《关于做好 1997 年股票发行工作的通知》，同时增加了拟发行股票公司预选材料审核的程序，由中国证监会对地方政府或中央企业主管部门推荐的企业进行预选，改变了两级行政审批下单纯由地方推荐企业的做法，开始了对企业的事前审核。

（二）核准制：2001～2019 年

1999 年 7 月 1 日正式实施的《证券法》明确确立了我国证券发行核准制取代审批制。核准制以证券发行方和证券服务机构等主体的强制性信息披露为核心，在审批制的基础上进一步削弱了政府权力对市场行为的干预，是处于审批制和注册制之间的过渡阶段，将证券市场活动的主导权逐步交还给市场。

核准制的核心在于企业想要取得证券发行上市资格，就必须经过证券监管部门的审核批准，包括形式审核和实质审核。形式审核的主要内容是企业证券发行所需的相关材料是否充分、完整、真实、合规，实质审核则是监管部门代替投资者对拟发行企业的持续盈利能力、风险承担水平和发展前景等资质进行判断。

1. "通道制"阶段：2001～2004 年

我国核准制下首先采取的模式是"通道制"，于 2001 年 3 月 17 日正式实施。"通道制"下，中国证监会根据证券公司的能力给予不同的发股通道数量（2～8 条），证券公司内部对企业进行资质审核后上报证监会，再由证监会的发行审核委员会进行合规审查，通过后企业配合证券公司进行上市工作。

相比于"审批制"，"通道制"大大减弱了行政力量在股票发行机制中的作用，推动了我国证券市场向市场体制转变。证券公司内部首先对企业资质进行审查的安排一方面提高了发行企业的总体质量,降低了劣质企业对市场和投资者带来的风险,另一方面也对证券公司的经营效率和专业能力提出了更高的要求,有助于激励证券公司不断提高自身业务能力,更好地服务于市场经济建设。

2. "保荐制"阶段:2004～2019 年

为提高证券服务机构职业水平,进一步深化股票发行制度改革,保护投资者合法权益,中国证监会于 2003 年 12 月制定了《证券发行上市保荐制度暂行办法》等法规,使我国证券发行的"核准制"进入到"保荐制"阶段。

"保荐制"下,由具备保荐资格的证券公司对拟上市企业进行辅助和指导,帮助企业建立起符合发行上市要求的现代企业制度和法人治理结构,培训重要股东和高管,督促企业改制后规范运作,并且需要履行尽职调查义务,对相关文件真实性、准确性和完整性负责。与"通道制"相比,"保荐制"要求保荐人承担企业发行上市过程中的连带责任,通过将保荐机构自身利益与保荐质量挂钩,确保其充分发挥专业素养、尽职履行义务,进而提高上市公司质量。

(三)注册制:2019 年至今

是否由证券监管部门进行实质审核,是核准制与注册制的区别所在。

十八届三中全会提出,推进股票发行注册制改革。2013 年 11 月,中国证监会发布《关于进一步推进新股发行体制改革的意见》,注册制改革正式启动。2018 年 11 月 5 日,习近平在出席首届中国国际进口博览会开幕式时,宣布"在上海证券交易所设立科创板并试点注册制"[1],2019 年 6 月 13 日科创板正式开板。2019 年 12 月 28 日审议通过的新《证券法》明确了我国资本市场将全面推行注册制,同时取消发行审核委员会制度。除了股票注册制改革分步实施以外,公司债发行也在贯彻落实新《证券法》相关规定,探索实施注册制。

二、国有企业改革

(一)股份制改革[2]

股份制改革是我国社会主义市场经济体制建设中,实现城市经济改革的重要手段,对于巩固公有制经济主体地位、搞活国有企业、激发市场活力具有重要意义。

---

[1]《习近平出席首届中国国际进口博览会开幕式并发表主旨演讲》,http://jhsjk.people.cn/article/30382745 [2021-12-07]。

[2]《厉以宁:中国股份制改革的历史逻辑》,http://capital.people.cn/n1/2018/0718/c405954-30154017.html [2020-08-18]。

1992 年，党的十四大明确提出"我国经济体制改革的目标是建立社会主义市场经济体制"①，之后股份制改革开始积极试点。1993 年通过的《中共中央关于建立社会主义市场经济体制若干问题的决定》指出，国有企业的改革方向是建立"产权清晰、权责明确、政企分开、管理科学"的现代企业制度，要让国有企业真正成为市场主体。1997 年党的十五大正式提出公有制实现形式可以而且应当多样化，它明确了通过国有企业的股份制改革，通过现代企业制度的建立和企业中法人治理结构的完善，股份制企业作为一种企业形式能够同社会主义基本经济制度相统一。

在股份制改革实践中，我国创造性地采取了"存量不动、增量先行"的做法，推动大型国有企业走上了股份制改革道路。大型国有企业的股份分为两类，一类是非流通股，即"存量不动"；另一类是流通股，即"增量先行"。为了便于更多的企业包括国有企业、混合所有制企业和纯粹的民营企业上市，1998 年 12 月《证券法》获第九届全国人民代表大会常务委员会高票通过，我国的股份制改革和企业上市从此有法可依。

随后，中国股份制的第二次改革展开。这次改革的目的是把数额巨大的非流通股变为流通股，建立现代企业制度，按照"产权清晰、权责明确、政企分开、管理科学"的要求，对大中型国有企业实行规范的公司制改革，使企业成为适应市场的法人实体和竞争主体。具体做法是：非流通股持有者给流通股持有者一定补偿；国家按投入企业的资本额享有所有者权益，对企业的债务承担有限责任，企业依法自主经营、自负盈亏；除极少数必须由国家独资经营的企业外，积极推行股份制，发展混合所有制经济。

股份制改革的成功，用实践证明了社会主义制度和市场经济能够成功结合，建立起现代企业制度的国有企业能够很好地适应市场竞争环境，在同其他市场主体竞争与合作中焕发活力、做大做强，成为推进国家现代化、保障人民共同利益的重要力量。

（二）股权分置改革②

在我国股票市场建立之初，为了保证国家对上市国有企业具有绝对控股权，也为了防止新设立的证券市场不能完全承担市场完全流通的压力，对上市公司国有股、法人股实行了暂不流通的制度安排。这一安排是顺应当时社会和市场环境

---

① 《中国共产党第十四次全国代表大会》，http://www.gov.cn/test/2007-08/29/content_730480.htm[2020-10-09]。
② 《尚福林：发展资本市场是一项战略任务》，http://www.xinhuanet.com/fortune/2020/12/15/c_1126860839.htm[2020-08-23]。

的制度安排，促进了我国股市的产生和早期发展。经过十几年的发展，股权分置、股票不完全流通逐渐成为制约我国股票市场健康发展的制度性障碍。

2004 年 1 月 31 日，国务院发布《国务院关于推进资本市场改革开放和稳定发展的若干意见》，提出将资本市场的地位提高到国家战略的高度，积极稳妥解决股权分置问题。2005 年 4 月 29 日，中国证监会发布《关于上市公司股权分置改革试点有关问题的通知》，宣布启动股权分置改革试点工作。

股权分置改革的过程本身是我国资本市场法治建设的一次大实践，也是一次广泛的产权制度教育和大规模的民主法制实践。它不仅解决了制约中国资本市场健康发展的制度性痼疾，促使 A 股进入全流通时代，而且使得同股不同权问题迎刃而解，为后续中国资本市场发展铺平道路。股改之后，大股东更加关注公司盈利和竞争力，不断注入优质资产、优化公司治理，谋求公司长效发展。中国股市制度逐渐和国际接轨，中国证券业的国际竞争力大幅增强。

三、退市制度改革

退市制度是资本市场重要的基础性制度。深化退市制度改革，是保证上市公司总体质量的必要途径，确保证券市场发挥优胜劣汰功能，有利于资本市场资源高效配置，是加强资本市场基础制度建设的关键环节。因此自 1994 年施行的《公司法》和 1999 年施行的《证券法》搭建了退市制度的基本法律框架以来，我国证券市场退市制度不断完善，逐渐建立起市场化、法治化、常态化的多元退市标准体系。

2001 年 2 月 22 日，中国证监会发布《亏损上市公司暂停上市和终止上市实施办法》，建立了以净利润为核心的退市标准（3 年亏暂停、4 年亏退市），明确了风险警示、暂停上市、终止上市的主要环节。这是 A 股市场首部退市制度。同年 11 月 30 日，证监会又发布《亏损上市公司暂停上市和终止上市实施办法（修订）》，将恢复上市及终止上市的"宽限期"缩短为半年。2001 年 4 月 23 日，PT 水仙因连续 4 年亏损正式终止上市。这是中国证券市场上首例退市案例。

2012 年退市制度改革明确了市场化、法治化的原则，财务退市指标得以完善，面值退市指标首次推出[①]。这标志着 A 股市场化和多元化的退市标准体系初步确立。*ST 长油由于连续三年亏损，成为 2012 年退市新政后首只退市个股。

---

① 《上海证券交易所关于发布〈关于完善上海证券交易所上市公司退市制度的方案〉的通知》，https://www.pkulaw.com/chl/c4ecbad204e954b7bdfb.html?keyword=%E8%BF%9E%E7%BB%AD20%E4%B8%AA%E4%BA%A4%E6%98%93%E6%97%A5%E6%94%B6%E7%9B%98%E4%BB%B7%E4%BD%8E%E4%BA%8E%E8%82%A1%E7%A5%A8%E9%9D%A2%E5%80%BC%20[2020-10-09]；《关于改进和完善深圳证券交易所主板、中小企业板上市公司退市制度的方案》，http://www.szse.cn/aboutus/trends/news/t20120629_518301.html[2020-10-09]。

2014 年《关于改革完善并严格实施上市公司退市制度的若干意见》确立了主动退市和强制退市两大体系。2015 年，*ST 二重成为首单主动退市公司。2016 年，*ST 博元因重大信息披露违法违规，被终止上市，成为首家因重大违法被终止上市的公司。2017 年，丹东欣泰电气股份有限公司成为首家因欺诈发行被强制退市的公司。

2018 年公布的《关于修改〈关于改革完善并严格实施上市公司退市制度的若干意见〉的决定》完善了重大违法强制退市的 4 种主要情形，提高了相关标准的明确性和可操作性，加大了重大违法强制退市制度的执行力度。同时，也对重大违法强制退市的决定主体、实施程序做出了具体安排，保证决定过程的公开透明及决定的公正性和公信力。

2019 年新《证券法》优化了上市公司退市情形的规定，取消了对退市的具体要求，将退市标准交由交易所制定。

2020 年 11 月 2 日，中央全面深化改革委员会第十六次会议审议通过了《健全上市公司退市机制实施方案》。会议指出，要坚持市场化、法治化方向，完善退市标准，简化退市程序，拓宽多元退出渠道，严格退市监管，完善常态化退出机制。

2020 年 12 月 14 日，上海证券交易所、深圳证券交易所分别对《上海证券交易所股票上市规则》《深圳证券交易所股票上市规则》《上海证券交易所科创板股票上市规则》《深圳证券交易所创业板股票上市规则》等多项配套规则进行了修订，并就修订后的征求意见稿公开征求意见。此次全市场退市制度改革通过进一步优化退市指标、畅通退出渠道、简化退市流程，来提高退市效率，加大市场出清力度，进一步强化市场优胜劣汰的属性，促使壳公司尽早尽快退出市场。

四、投资者保护制度

投资者是资本市场的发展之本，是资本市场生态系统中最重要的基础和能量之源，因此，投资者保护是激发资本市场活力和韧性的根本所在，保护好中小投资者的合法权益是资本市场持续健康发展的重要根基。目前我国资本市场已形成一套与市场情况相适应的投保制度体系，涵盖国务院文件、司法政策、部门规章、规范性文件等多个层级、基本覆盖投保领域各个方面的制度体系[1]。

2019 年新《证券法》设置了投资者保护专章，构建了包括投资者适当性、表决权征集、债券持有人会议、先行赔付等较为系统的投资者保护制度。特别是建

---

[1]《证监会持续完善制度规则加强投资者保护》，http://www.cs.com.cn/xwzx/hg/201910/t20191025_5992459.html [2020-08-25]。

3333
333333

立了证券代表人诉讼制度，赋予投保机构提起特别代表人诉讼的职能，投资者以"默示加入、明示退出"的方式参与诉讼，降低了投资者的维权成本。除了设专章，新《证券法》在投资者保护方面还有多处体现，如显著提高证券违法违规成本、进一步提高信息披露要求、完善证券交易制度、压实中介机构市场"看门人"法律职责、强化监管执法和风险防控等。

第二节　金融体制改革背景下加强证券市场监管的意义

2018年3月公布的《深化党和国家机构改革方案》将中国银行业监督管理委员会、中国保险监督管理委员会合并为中国银行保险监督管理委员会，至此"一行三会"调整为"一行两会"。党的十九大报告指出，要"深化金融体制改革，增强金融服务实体经济能力，提高直接融资比重，促进多层次资本市场健康发展"[1]。同年，全国金融工作会议强调，"要把发展直接融资放在重要位置，形成融资功能完备、基础制度扎实、市场监管有效、投资者合法权益得到有效保护的多层次资本市场体系"[2]。在此背景下，证券监管的责任和重要意义更加凸显。

第一，金融体制改革背景下，加强证券市场监管是保障广大投资者权益的需要。

投资者是证券市场的重要参与者，他们参与证券交易、承担投资风险是以获取收益为目的的。证券监管机构必须坚持"公开、公平、公正"的原则，通过广泛开展教育宣传活动和从严加强监管执法，督促上市公司依法诚信经营，真实、准确、完整、及时披露信息，帮助投资者充分了解证券发行人的资信和风险状况，切实做到"卖者尽责、买者自负"，培育健康良好的市场生态。

第二，金融体制改革背景下，加强证券市场监管是维护市场良好秩序的需要。

欺诈发行、虚假披露、垄断行市、内幕交易、操纵市场、大股东利益输送等违规行为严重扰乱市场秩序，损害投资者合法权益，市场影响极其恶劣。违法成本和违法收益之间严重不对等是违法违规行为屡禁不止的重要原因。为此，必须对证券市场活动进行更加严格的监督检查，同时加大对非法证券交易活动的法律制裁力度，发挥《中华人民共和国刑法》促进证券市场良性健康发展的作用，以保护正当交易，维护证券市场的正常秩序。

① 《习近平：决胜全面建成小康社会 夺取新时代中国特色社会主义伟大胜利——在中国共产党第十九次全国代表大会上的报告》，http://www.gov.cn/zhuanti/2017-10/27/content_5234876.htm[2021-12-07]。

② 《全国金融工作会议在京召开》，http://www.gov.cn/xinwen/2017-07/15/content_5210774.htm[2020-10-09]。

第三，金融体制改革背景下，加强证券市场监管是防范和化解金融风险、保障国家金融安全的需要。

《深化党和国家机构改革方案》强调，"金融是现代经济的核心，必须高度重视防控金融风险、保障国家金融安全。为深化金融监管体制改革，解决现行体制存在的监管职责不清晰、交叉监管和监管空白等问题，强化综合监管，优化监管资源配置，更好统筹系统重要性金融机构监管，逐步建立符合现代金融特点、统筹协调监管、有力有效的现代金融监管框架，守住不发生系统性金融风险的底线"[1]。近年来，我国证券稽查重点针对上市公司利益、公平交易原则、市场秩序平稳、市场信息传播等重点案件开出天价罚单，坚持"从严监管"的主旋律，通过进一步加大对金融违法行为的打击力度，对违法者形成有效震慑，促进市场规范、合法、有序地发展，守住不发生系统性金融风险的底线。

第四，金融体制改革背景下，加强证券市场监管是促进金融服务实体经济的需要。

近年来，中央从统筹推进"五位一体"总体布局和协调推进"四个全面"战略布局出发，一直强调严禁实体经济脱实向虚。通过严厉的证券监管行动，可以有效扭转实体企业脱实向虚的发展趋势，同时促进证券市场脱虚向实，使金融更好地服务于实体经济。

第三节　加强证券公司监管的意义

证券公司作为资本市场的核心载体，相比于银行、信托公司、保险公司等机构，可以高效率、全方位对接资金端和资产端，为客户提供包括零售经纪、投资银行、信用交易、资产管理、场外业务、国际业务等在内的全生命链服务，充分发挥资本市场"看门人"、直接融资"服务商"、社会财富"管理者"、资本市场"稳定器"等作用，是落实资本市场改革的重要依托，在开展金融创新和促进证券市场规范、健康发展等方面有着重要作用。因此，加强证券公司监管对于提高证券公司专业水平和执业质量，促进证券公司提高其服务实体经济能力有着重要意义。

第一，加强证券公司监管是加强投资者保护的需要。

证券公司内部控制不完善、经营管理混乱、挪用客户资产、向投资者违规承诺投资收益、提供虚假信息或误导投资者等违法违规行为对投资者特别是广大中小投资者的权益造成严重损害，因此证券监管机构必须加强对证券公司的监管和

---

[1] 《中共中央印发〈深化党和国家机构改革方案〉》，http://www.gov.cn/zhengce/2018-03/21/content_5276191.htm#2[2022-05-27]。

执法力度，贯彻对各类违法违规行为"零容忍"的要求，全方位打击各类市场主体的各种违法违规行为，全力保障资本市场稳定运行。

第二，加强证券公司监管是培育证券市场合规文化、推动证券市场长期健康发展的需要。

合规文化的高质量建设直接决定证券行业文化建设成效，而文化建设是资本市场健康发展的支柱，良好的行业文化是行业软实力和核心竞争力的体现。从国内深化改革的趋势来看，愈加完善的法制和监管体系对证券行业合规文化的发展具有强有力的引导作用，通过进一步加大监管执法力度，促进形成主动合规、自我约束的行业生态，推动市场更加公开、公平、公正、高效地运转。

第三，加强证券公司监管是金融服务实体经济高质量发展的需要。

相比于其他金融机构，证券公司最具有差异化的竞争优势就在于能够持续获取资本市场优质的标准化资产，整合投行、研究和财富管理服务，以连接实体经济融资需求和投资需求为抓手，将企业客户、机构客户和个人客户服务融合起来。随着未来注册制的全面执行，证券公司作为金融支持创新体系、服务实体经济中的重要一环，在资本市场中的重要性愈加凸显。因此，必须加强证券公司监管，引导证券公司塑造稳健经营的价值理念和诚信为本的行为规范，充分发挥好其资本市场"看门人"的职责，使其更好地服务实体经济和推动资本市场高质量发展。

第六章　证券公司监管之新视角：券商的公司治理

第一节　券商公司治理的内容

券商是证券市场重要的参与者，因业务特性聚集大量社会资本，投资者收益与其经营状况密切相关。近年来，券商因追逐利益而不惜违规的事件频发，在加强外部监管力度的同时，规范券商行为需要合理且有效的公司治理。

一、券商经营方式的特殊性

券商的公司治理不同于一般工商业企业，因其经营活动性质与工商业企业生产活动存在差异。刘春华（2007）在其研究中说明券商和其客户群体间存在的委托代理联系是造成券商经营方式不同于一般工商业企业的原因所在。在一般的企业中，企业资金能够通过所有权投资募集，募集资金不足以支撑企业经营发展时，能够以借贷补足；而对于券商而言，客户委托的资产是其主要的管理对象，并通过融资补足资产。从这个角度来看，券商需要将公司治理的范围拓展，在聚焦传统公司治理要素的基础之上，广泛地关注投资者保护、业务风险防范等多方面。

我国券商大部分为国有持股和国有控股券商，股权结构集中，国有性质突出。这使得我国券商公司治理有着区别于国外券商公司治理的鲜明特点。王国海（2005）在分析我国券商经营业务和服务的基础之上，总结出我国券商治理四个特点：第一，金融管理当局及各级政府对券商治理具有基础影响，这是因其最初成立是由各国有银行、政府部门等出资设立，国有资本在券商资本结构中占据绝对主导的地位；第二，债权及债权人结构的特殊性对券商治理具有关键影响，分业经营下，银行不能直接放款给券商，导致债权人结构失衡，缺乏债权监督易引发内部人控制现象；第三，证券行业属于知识密集型行业，加之，资本市场具备高风险属性，券商健康平稳运行需依靠智力资源及时识别风险并采取有效的规避措施；第四，资本市场的主体地位对证券公司的公司治理具有重要意义，待上市公司需经券商辅导和推荐才能成功上市，由此，券商公司治理体制机制的完善和公司治理意识水平的提升会对上市公司产生影响。

正是由于我国证券市场存在这样的特殊之处，券商的公司治理机构及制度设计的合理性尤为关键。

二、券商公司治理的重要内容

钱颖一（1995）指出，公司治理结构是一套制度安排，用来支配若干在企业中有重大利害关系的团体，包括投资者、经理、工人之间的关系，并从这种制度安排中实现各自的经济利益。公司治理结构应包括：如何配置和行使控制权；如何监督和评价董事会、经理人员和职工；如何设计和实施激励机制。

券商的公司治理同样应遵循一般企业公司治理结构的大框架，主要围绕董事会治理、经理层激励和监事会治理进行，在此基础之上，依据其特殊性，设置合理的针对性安排。我国绝大部分券商都已按照《公司法》的要求，建立了股东（大）会、董事会和监事会，但实际运行过程中，机构作用的发挥受到限制，对于经理层的约束和制约效果尚未完全达到，因此券商公司治理需强化以下三方面的内容。

（一）董事会治理

董事会是券商内部经营决策、领导管理机构。我国券商大部分均存在国有控股或国有持股现象，其董事提名在一定程度上会受到地方政府或大股东的影响，导致其决策难免有所偏颇。维持券商平稳健康地运行，需加强其决策的独立性与科学性，这是董事会治理的立足点和着眼点。美国券商董事会下设包括审计委员会、薪酬委员会、提名委员会等多种机构辅助进行决策和监督，有利于券商内部公司治理的完善，这为我国券商董事会治理提供了参考与借鉴。

独立董事制度的实施有助于促进董事会进行正确决策，制约大股东对中小股东的"隧道挖掘"行为；此外，独立董事可以对管理者进行有效的监督，在一定程度上减少内部人控制现象发生的可能性。我国券商独立董事比例大多仅略高于法律规定的界限，即不低于董事会成员总数的1/3，这使得独立董事的专业性和制约作用难以充分发挥。由此，提升独立董事在董事会中的比例，强化其话语权是证券公司在董事会治理中的重要任务。

（二）经理层激励

证券行业知识密集型的行业特性使得券商对人才的依赖程度加大。对经理层实施有效的激励，更有利于激发其创造性和使命感。国外券商尤其关注激励机制的建设，美国券商对高管采用多元化的金融工具激励，主要包括员工持股计划、股票期权和认股权证等，职业生涯规划的重要性也越来越显著。这些激励方法能够很好地将公司的长远利益和员工长期利益相联系，从而尽量避免经理层行为的短视化，促进其关注公司的长远发展。

相对而言，我国券商一般采用薪酬设计的形式对经理层进行激励，激励方式较为单一，且重视短期激励，忽视长期激励。完善经理层薪酬激励制度，引导经理层树立关注整体利益的思想，是我国券商公司治理应关注的重要内容。

（三）监事会治理

监事会是监督和检查公司业务活动的常设机构。监事会职权的行使对于企业健康发展有着重要意义。我国券商监事会目前存在功能被弱化的现象，对于监督事项难以及时行使职权。因此，树立监事会的权威性是十分必要的，与此同时，提升监事的专业性对及时发现经营管理中存在的问题有所助益。

券商在进行公司治理的过程中，应注意协调好多方利益。券商作为金融市场中的重要主体，涉及包括股东、内部员工、委托人和外部监管部门等在内的多方利益相关者。其在实现自身经营目标的同时，也应兼顾利益相关者的诉求。

第二节　国内外券商公司治理模式与文献述评

一、国内外券商公司治理模式

西方资本主义经济制度下，券商大多以股份制公司的形态存在，在一定范围内适用普遍的公司治理制度，国外学者针对券商公司治理的研究较少。故本节主要总结国际上最有代表性的三种公司治理模式：英美股权主导型公司治理模式、德日内部控制主导型公司治理模式、韩国家族控制主导型公司治理模式。

（一）英美股权主导型公司治理模式

英美股权主导型公司治理模式起源于 18 世纪，英美资本主义经济体系发展较为完善，政府干预市场的程度较低。两国在社会文化方面有相似之处，主张个人利益、强化风险意识，资本市场中零散的投资者的投资带动了私有经济的迅速发展。在这种环境下，英美形成了股权主导型公司治理模式，注重维护股东的权益，以实现股东利益的最大化为目标。

英美券商公司治理以"决策、执行、监督三权分立"为原则，采用"一元制"公司治理模式，即股东大会下设董事会，董事会兼具决策与监督两种职能。同时采用独立董事制度，将其作为内部治理结构中监督权缺失的补充。英美股权主导型公司治理模式总结有如下特点。

1. 股权结构

在英美股权主导型公司治理模式中，公司股权高度分散，且具有较强的流动性。这与证券市场上投资者的零散状况密切相关。在18世纪自由资本主义盛行的西方国家，股权资本居于主导地位，"散户"和机构投资者的投资潜力得到了最大程度的发挥，企业资产负债率低。其中，机构投资者占据主要地位，英美国家资本市场股权分散的情况由此出现。英美券商大部分都已上市，股票都可以在证券市场中进行交易，存在较强的流动性。公司股票价格发生变动，投资者可以在第一时间做出市场反应，通过买卖行为，实现收益或者及时止损。

2. 激励机制

英美资本市场的发展同样促进经理人市场发展。陈兆松（2007）在比较国际券商治理结构时，总结英美市场中对经理人的激励手段是多样化的：不仅采用短期激励方式，如工资和奖金；还注重中长期激励方式的设计，如股票期权等多种金融工具的应用。

3. 监督机制

英美券商的内部结构体系中，不设监事会行使监督职能，董事会作为决策机构，同时又是内部监督机构。其内部监督职能的实现，依赖于下设的多个专业委员会。如此一来，董事会的独立性尤为重要，为此英美券商采取独立（外部）董事制度，进行内部监督，其独立董事在董事会中占比大多超过半数。

英美证券市场中，股权高度分散及股东人数众多的特点，使得小股东的话语权受限，经营管理者权限占优。强化外部监督成为英美资本市场的关键。英美券商外部治理主要依靠机构投资者、劳动力和产品市场等多样化主体来形成对公司经营管理层的外部监控（许加林，2013）。

完备的信息披露机制是英美券商公司治理内部结构和外部监督的结合点，在相当程度上对经理人行为产生约束效果。

（二）德日内部控制主导型公司治理模式

德日内部控制主导型公司治理模式的确立与资本市场实行混业经营紧密相

关。商业银行在混业经营中扮演重要角色，由此形成的德日内部控制主导型公司治理模式又称银行导向型公司治理模式。此模式中，商业银行往往有权参与其关联公司的日常经营活动，形成主银行体系，主银行为券商提供全部或大部分其日常经营所需的金融服务，证券市场融资功能被弱化，资本流通性差，企业资产负债率高。以银行为主导的金融机构或是相互持股的法人组织成为德日券商的实际控制人。银行兼具债权人和股东的双重身份，而法人组织之间交叉持股于无形中形成一种相互牵制的关系，便于加强业务合作与联系。德日券商相比英美更加注重长足发展，因此形成了兼顾所有者与利益相关者、重视企业社会责任与义务的价值取向。

1. 股权结构

在德日内部控制主导型公司治理模式中，公司股权集中程度高，且流动性较差。与英美模式下"散户"和机构投资者持股的情况不同，德国多是由大银行直接持股，且持股比例相对较高，持有金额不超过银行资本15%即可。除此之外，德国银行还以间接持股的方式实现对券商股份的代理，他们通过保管个人股东所持股票并与个人股东签署授权书获得委托投票权，代表股东行使权益。日本则通过主银行体系将银行与企业、银行之间、政府与银行三层关系纳入一个有机的整体，构成以银行为中心点，企业相互持股的网络。主银行不直接持股，但却拥有对企业的实际控制权。银行作为体系的核心，有能力对集团内企业外部融资渠道施加控制。

德日内部控制主导型公司治理模式中，大股东持股相对比较稳定，不会频繁地发生大规模的市场交易，股票流动性相对较差。

2. 激励机制

与英美国家采用多样化激励方式相比，德日内部控制主导型企业激励方式相对单一，主要以薪酬设计为主。德日两国强调群体观念与团队凝聚力等精神层面的力量，因此通常也会采取荣誉称号来激励管理者，鼓励其为公司长远发展努力工作。

3. 监控机制

德日股东的监控机制相较于英美股权主导型公司治理模式更为完善、更为系统、更为主动。股东通常会经由可靠的中介、拥有权限可代为行使股东权利的组织或个体来实现监控，此时，银行便成为不错的选择。管理者一旦不能很好地履行职务，股东有权通过"用手投票"行使权力，选举更换管理者。

在监控机制方面，德国和日本也呈现出各自不同的特点。德国的特殊之处有二：第一，德国券商执行与监督职能相分离，由此产生了两个与之对应的机构，即执行董事会和监督董事会，监督董事会代表股东和职工的利益，依法享有特定职权；第二，德国的治理机制设计注重职工的主动性和积极性，主张职工参与决定，职工通过选取代表进入监督董事会，参与企业决策，在加强监督的同时减少决策失误的可能性。日本的特殊之处主要源于银行在其体系中地位的影响，日本银行可以在对集团内券商行使监控权力时，发挥领导作用。日本银行凭借其外部融资提供者的身份及集团内的控制优势，拥有便捷的资源和渠道获取券商经营状况信息，对券商进行实时监控，提升其应对风险变化的能力。

4. 相关者约束

德日的公司治理模式中，不容忽视的是对利益相关者的约束，因为其体系建立时纳入了利益相关者的影响因素。利益相关者的压力主要来源于大股东、管理层、职工，因此需要设计有效的激励约束制度，如银行董事制度、终身雇佣制、内部晋升制等。

（三）韩国家族控制主导型公司治理模式

韩国家族控制主导型公司治理模式是基于企业经营权与所有权未分离的制度，家族在企业中发挥主导作用，二者合二为一，难以剥离。此种公司治理模式在韩国、部分东南亚国家等地较为普遍。

1. 股权结构

韩国家族控制主导型公司治理模式下，重要的家族成员拥有绝对的话语权，股权高度集中，且流动性弱。韩国家族控制主导型券商在通常情况下不上市，社会化、公开化程度低。大股东通过交叉持股保持对公司的所有权，缺少有效的监督机制，因而在这类企业中，"内部人控制"现象并不罕见。

2. 激励约束双重化

相比于前两种模式，韩国家族控制主导型公司治理模式下的约束激励增添了情感功能，主要通过家族利益和亲情进行双重激励。相比外部聘请，家族型企业的内部成员担任管理者的可靠性、稳定性更强，约束成本更低，因为其利益与家族利益保有高度的一致性。

3. 经营管理家庭化

家族控制型企业很少聘请外部董事，家族内部特征明显，导致企业决策家长化、员工管理家庭化，缺乏科学的决策机制和管理体系。

在不同资本市场因素与社会制度因素的结合与影响下，不同国家的券商公司治理结构和功能呈现出不同的特点。以上三种各具代表性的券商公司治理模式在不同阶段内很好地满足了不同的国家和地区的证券市场发展需求，从而在更广阔的范围内不断推行、日渐完善。

二、国内券商公司治理的研究现状

我国证券市场虽然起步较晚，却一直以较高的速度增长着。我国券商建立了法人治理结构，设置了"三权分立"的模式，其形成有其特殊性，恰好反映了我国转轨经济的特征（尹莘等，2006）。但在发展过程中，券商违规的情况时有发生，这在一定程度上暴露出其内部公司治理结构不完善的事实。如何识别我国券商公司治理缺陷并加以改善，以促进我国证券市场健康有序发展，成为社会各界关注的焦点。

（一）我国券商公司治理结构现存问题及风险分析

国内学者对于我国券商公司治理模式中各机构设置及相互影响关系已经做了较为深入的探讨，并对现有公司治理机制下存在的问题和不足进行了总结与说明。这部分的研究大部分开始时间较早，主要集中于 2010 年以前。

张宝双（2003）认为股权结构的不合理是证券公司治理问题的症结，说明股权结构的分布在很大程度上影响公司治理效率。张林（2005）通过对比美国的公司治理结构，指出我国券商目前存在组织结构不合理、股权设置不合理、董事会缺乏独立性、监事会缺乏权威性及激励机制不完善等问题。组织结构不合理指直线型或职能型的架构，结构单一。股权设置不合理一是指股权过度集中于国家股，二是指主要股东间存在紧密联系，股权集中在少数股东手里。饶杰（2008）则说明我国券商在股东大会、董事会、监事会、高层管理层的组织机构设置及相互关系界定上有很大的差异和随意性，这是法人治理结构不规范的体现。作为国有企业券商的国有资产所有者缺位、银证分业脱钩转制过程中造成的产权结构复杂化等情况，致使监事会的职能被弱化。陈共炎（2004）则从内部控制角度分析了我国券商存在的问题，总结如下：第一，内部控制制度的制定大多简单复制法律法规或同业制度，缺乏个性化，致使制度可操作性和控制力度不佳；第二，内部控制制度的执行难以有效落实，缺少及时高效的信息传递机制，难以及时发现和制止各种失控行为；第三，针对常规业务设置的内部控制制度难以适应经常变化的环境；第四，内部控制制度的评价体系普遍缺乏。

我国券商公司治理结构上的不足在一定程度上加剧了券商内部和证券市场上发生风险的可能性。金登贵（2005）以引起券商风险的原因为依据，将风险划分为政策法律风险、业务经营风险、管理风险、技术风险和道德风险。肖曙光等（2005）

认为我国券商存在治理风险的原因在于三类"相容性"未得到实质解决，即委托层股东利益不一致而引起的股东相容性问题；委托代理的激励相容性风险问题；代理人能力与公司发展要求的相容性问题。胡强（2006）则进一步将治理风险分解为包括大股东的控制和操纵行为、政府的行政干预行为和部分证券公司的"超弱控制"的股东相容性风险，包括经营层的内部人控制造成对股东利益的伤害和股东与经营层冲突的股东-经营层代理风险，以及包括挪用客户保证金、客户资产行为和委托理财风险的客户-经营层代理风险。

（二）我国券商公司治理问题的原因探讨及改善对策

对于上述券商公司治理过程中所产生问题的原因，国内学者也进行了较为全面的分析，并且针对性地提出了改善对策。

张伟等（2005）从券商问题的表象入手，采用成本-收益框架，通过两家券商的案例，发现问题券商的本质特征是违法收益"私人化"与违法成本的"社会化"存在错位，使得股权结构调整优化等公司治理手段失效。

黄运成和李畅（2004）认为造成证券公司治理缺陷的根本原因是制度失灵，主要体现在：执法主体软约束、"双重身份"掩盖下的政府行政干预、资本市场过度行政化和市场约束弱化四个方面，并提出完善治理机制需硬化法律约束，强化高管人员的责任追究机制，合理调整政府与企业在市场经济中的定位。

赖明勇和王国海（2005）指出在我国券商共同治理模式下，治理结构要解决的核心问题是股东及其他利益相关者对证券公司经理层的约束与激励问题，具体而言就是要解决我国证券公司大股东政府行政干预下的内部人控制问题。为此，需适当重组和分散券商股权结构、合理优化券商融资结构，并加强对董事会结构、经理层激励机制的建设及利益相关者的相机治理。

程华（2005）则聚焦于民营券商的公司治理问题，对"提款机"效应、增资过程中幕后交易、股东抽逃出资等现象进行分析，提出通过制度创新完善证券市场监管体系以杜绝违规行为的发生、完善民营控股券商的法人治理结构和外部治理环境、建立风险抵押制度等措施。

汤海溶和彭飞（2008）从中国证监会对券商的综合治理整顿角度切入，通过对以中信证券为例的企业自主型重组并购、中央汇金投资有限责任公司为例的政府主导型重组并购，以及以瑞银集团入股北京证券为例的外资入股模式这三类重组模式的评价分析，归纳出有利于我国证券业长期发展的重组兼并政策应为：适当限制外资投行对国内投行业的介入，尽可能给予本土证券公司较长时期来完善治理结构，积极鼓励民营资本介入证券公司的重组兼并。为完善券商综合治理提供思路。

聂华（2012）在分析我国券商公司治理的现状与主要缺陷的基础之上，提出了适合我国券商的共同治理模式，形成由所有者、债权持有人及公司内部人力资本为治理主体，外部市场和监管机构构成外部约束机制的内外部共同治理体系。

齐岳等（2018）针对 2015 年重大券商违规事件，采用事件研究法分析券商股在股市剧烈波动中的作用，并基于公司内部、外部治理，总结分析 2015 年券商发生的违法违规事件，提出股市整合治理的新观点和成立独立于券商的第三方咨询机构的建议，据此展望券商未来发展。

三、国内外券商公司治理的研究现状述评

国外券商公司治理结构目前已形成较为完善的体系，如英美股权主导型公司治理模式、德日内部控制主导型公司治理模式、韩国家族控制主导型公司治理模式，与之相关的内部治理层面的理论研究也较为成熟，研究成果在西方国家得到广泛的应用，对于维持资本主义金融市场秩序发挥着重要作用。

我国针对券商公司治理结构的研究较为全面且广泛，从我国实际出发分析券商公司治理现存问题的研究居多。在此基础之上，国内学者从制度、环境、结构等多维度全方面地探讨其诱因，并形成有效的解决方案，为本书的撰写提供了理论支持和架构思路。

第三节　券商公司治理的意义及评价方式

完善券商公司治理，有着诸多方面的积极影响和重要意义，本节对此进行梳理总结。

第一，优化券商公司治理体系结构，促进自身业务流程规范化、标准化。券商是金融市场中极为关键的一类金融机构，是金融体系中不可或缺的一部分。随着我国社会主义市场经济活力的释放，证券市场的作用日益凸显，券商从事的业务范围逐渐扩大，业务形式不断创新。券商凭借其多元化的板块布局实现社会资本融通以支持实体经济发展。近年来，券商违规行为主要集中于公司治理与合规管理方面，这在一定程度上反映出我国券商公司治理机制仍需健全，合规管理仍需加强。完善券商公司治理需同时兼顾内部治理因素和外部治理因素，形成整体而严密的制度体系，降低各个环节违规行为出现的可能性，有助于从根本上防治券商违规现象的发生。

第二，降低信息不对称程度，加强投资者保护。2020年3月28日，《2019年度全国股票市场投资者状况调查报告》发布。报告显示截至2019年12月31日，全国股票投资者数量达15 975.24万人，较上年同期增长9.04%，其中自然人投资者占比99.76%，在受调查者中，专业机构投资者的盈利情况显著好于一般机构投资者和自然人投资者。上述数据说明我国证券市场中自然人投资者占据绝大部分，"散户"的投资潜力强劲。但由于信息不对称现象的存在及公开集中交易的规则，中小投资者在资金规模、信息获取通道和风险抵御能力等多方面处于相对弱势地位，一旦中小投资者利益受损，影响巨大。2019年，中国证监会宣布设立"5·15"全国投资者保护宣传日，并在每年的5月15日在全国范围内组织动员各方力量积极开展形式多样的投资者保护宣传活动，足见其对投资者保护的重视程度。券商外部公司治理包括信息披露、媒体治理、外部监督等多种形式。券商外部治理措施的施行，能够强制要求或合理引导其信息公开，并保证其信息的真实性、相关性、及时性、完整性，从而为投资人评估收益、决策计划提供有效依据。

第三，规范证券行业整体运作，维持公平交易秩序。近年来，金融产品创新类型不断增多，专业化趋势越发显著。在这种背景下，规范行业运作、维持交易平等尤为重要。证券行业整体的趋势走向决定着券商外部环境的优劣，券商作为证券行业重要主体，很大程度上影响着证券行业的"健康"发展状况。券商违规行为的出现无疑破坏了行业长久以来形成的公平交易秩序，致使部分群体的利益受到侵害。券商完善公司治理是从其内部加强管制，从其外部强化监督，能够尽可能有效地将券商违规行为发生空间压缩至最低，从而维护正常的市场交易秩序和交易规则。

第四，有助于促进金融市场更好地服务实体经济。2019年2月22日，中共中央政治局就完善金融服务、防范金融风险举行第十三次集体学习，习近平总书记强调"金融要为实体经济服务，满足经济社会发展和人民群众需要"[1]，并指出要"构建风险投资、银行信贷、债券市场、股票市场等全方位、多层次金融支持服务体系"[1]。证券市场是金融市场的重要组成部分，既能够实现为资金需求方募集资金的功能，又可以发挥为资本定价、优化配置的作用。证券市场助益实体经济发展，能够为企业获取自有资本和长期债务，并成为媒介引导资本流入生产领域，从而支持企业生产的扩张与壮大。券商是连接证券市场中资金需求方与资金供给方的桥梁，其多元化业务能够将证券市场中的资金充

---

① 《习近平主持中共中央政治局第十三次集体学习并讲话》，http://www.gov.cn/xinwen/2019-02/23/content_5367953.htm[2020-10-09]。

分盘活。券商自身内部结构的完善有助于增强投资者信心，吸收社会资本，为实体经济提供支持。

完善券商公司治理具备极强的现实意义，如此一来，券商公司治理效果评价便成为实践过程中需要重点关注的一大环节。一方面，通过量化的公司治理评价体系，各券商能够精确识别自身公司治理的不足之处并加以完善，以增强抗风险能力、助益提升综合竞争力；另一方面，评价结果在一定程度上可以帮助投资者理解券商公司治理现状，从而为投资者提供决策参考。就国内券商公司治理评价现状而言，并未形成比较具有代表性的、通用的评价体系，目前仍以学界研究成果居多。这些成果大多是运用量化的方法推进的，通过选取典型指标，运用综合计分、主成分分析等多种方法构建指数进行券商公司治理评价，量化处理更为直观、更具说服力。

第四节　国内外券商公司治理评价的研究现状

一、国外券商公司治理评价的研究现状

由于国外证券市场发展时间较长且制度较为成熟，一些国外的专家学者较早地关注到券商公司治理评价体系的研究，券商公司治理评价系统最先出现于美国。美国券商公司治理的一大特点是一人兼任董事长与CEO，董事长在董事会中有强大的话语权。因此，美国公司治理的评价内容大多围绕董事会展开。1952年，美国机构投资者协会设计出正式评价董事会的程序，这是最早且规范的公司治理评价研究，同样适用于券商公司治理评价。此后，董事会评价与治理的研究成果相继问世。

20世纪90年代以来，随着研究不断深入、实践不断推进，公司治理评价体系日益完善，创新的公司治理评价系统相继出现。其中，标准普尔公司的公司治理服务系统、戴米诺公司的公司治理评价体系、里昂证券有限公司的公司治理评价体系最为典型，本书第三章已对上述评价体系进行了详细的总结与说明，此处不做展开。

二、国内券商公司治理评价的研究现状

券商公司治理评价方法一直是国内学者较为关注的研究方向。汪来喜（2011）

针对我国券商治理的特殊性和治理现状，设置了一套券商公司治理评价指标体系，其中包含 5 个一级指标和 12 个二级指标，在此基础之上选取 5 家券商进行打分并据此提出提升券商治理水平的对策。吴萌（2013）依据国有控股、决策专业化、管理层激励的市场化、民主监督及社会责任 5 个原则采用层次分析法构建包括股权结构、董事会治理与专业决策、管理层治理与人力资源管理、监事会治理与民主决策及社会责任在内的公司治理结构评价体系，并以 5 家具有代表性的国有券商作为样本进行评价。

张维（2007）设计绩效增长指数模型对券商进行综合评价，并从公司治理角度寻找 8 家券商绩效增长原因，发现 8 家券商的绩效增长指数与各自的治理结构特征（包括股东大会、董事会与监事会治理机制和外部治理机制特征）呈正相关。冯根福和丁国荣（2011）研究发现券商股权集中度、管理层规模和管理层报酬与公司经营效率呈显著正相关关系；股权制衡度对公司经营效率的影响不显著；券商董事会规模、独立董事比例与公司经营效率呈显著负相关关系，监事会规模、监事会独立性与公司经营效率负相关；国有控股性质、董事长与总经理的两职分离有助于提高公司经营效率。陈毅（2014）采用因子分析法将证券公司内部治理变量综合成 4 个因子，即规模激励因子、结构因子、监管因子和独立性因子，以探究内部治理因子对证券公司经营绩效的影响，从而将公司治理评价与经营绩效相联系。陈昕和林晓璇（2013）基于盈利性与抗风险性视角分别从股权结构、董事会、监事会及执行高管 4 个方面实证研究上市券商公司治理结构特征对经营绩效的影响，研究结果表明，上市券商虽然都有形式健全的公司治理结构，但大部分公司治理机制未能发挥显著作用，对提高盈利能力与抗风险能力的效果并不明显。

除此之外，沙浩（2011）运用 39 家证券公司数据分析券商公司治理因素对其市场风险与效率的影响，发现前三大股东持股比例与公司的经营效率正相关；董事会规模与效率负相关，董事持股比例越高，券商越倾向于拥有更大的市场风险；独立董事比例与效率和风险承担之间的关系不显著。

三、国内外券商公司治理评价的研究现状述评

国外公司治理评价的研究相对成熟，已经形成了完善且适用性强的三大代表性评价体系：标准普尔公司的公司治理服务系统、戴米诺公司的公司治理评价体系和里昂证券有限公司的公司治理评价体系。国内券商公司治理评价大致有两种思路：一是选取公司治理指标构建评分体系，进行打分排名；二是结合券商公司

治理评价与经营绩效考核,将经营绩效作为公司治理水平的量化反映和评价依据,就二者之间的相关关系进行验证。目前我国尚未形成统一的券商公司治理评价体系,大部分只是学术层面的探讨与检验。

总体而言,现有我国公司治理评价体系适用范围广,但针对券商主体设计应用的评价方法依然较少,且指标选取尚不全面,尚未成体系。

第七章 券商的公司治理评价之新方法

经过多年来国内外学者和机构的共同努力，公司治理评价指标体系已经较为成熟，并且随着公司治理实践的发展，不断更新和完善。但是这些公司治理评价体系大多是根据一般上市公司的普遍治理特征进行设计的，较少有针对证券公司特点专门提出的券商公司治理评价体系。此外，国内针对券商公司治理的研究也大多是从概念和存在的问题入手进行国内外比较和对策性研究，目前还没有形成能够综合考虑一般上市公司治理框架和券商治理特点的、比较全面的评价体系，对我国上市券商的公司治理状况进行量化评价和针对性分析。

本书正是在这样的背景下提出了研究问题，通过寻找切实可行的、符合我国现状的证券公司评价指标，以现有上市公司治理评价指标体系为基础，构建考虑券商公司治理特点的券商公司治理评价指标体系，对券商治理状况进行量化打分，并进一步对得分结果进行分析，从而对如何提高我国券商的公司治理水平提出有理论依据、数据支持和现实意义的参考性建议，助力我国证券市场健康发展。

首先，本章将在第一节阐述构建我国券商公司治理评价指标体系的理论依据，并结合我国对证券公司的监管要求和相关法律法规，提出从股权结构和股东利益、董事会结构与运作、监事与监事会、经理层、合规管理、风险管理、信息披露等七个方面构建我国券商公司治理评价指标体系，以及上述一级指标下属的二级指标的选择依据和判断标准。其次，本章将在第二节说明我国券商公司治理评价指标体系的计算原理和具体方法。最后，在第三节对这一章的内容进行总结。

第一节 我国券商公司治理评价指标体系的设计

本节将从股权结构与股东利益、董事会结构与运作、监事与监事会、经理层、合规管理、风险管理、信息披露等七个方面详细阐述我国券商公司治理评价指标体系的设计思路、理论依据和评价标准。

一、股权结构与股东利益

股东治理是公司治理的基础。《OECD 公司治理原则》、世界银行公司治理框架等标准原则，以及我国《上市公司治理准则》都将股东治理作为公司治理的重要内容。本书将从股权结构和股东利益两个方面衡量券商股东治理水平。

（一）股权结构

股权结构是指股份公司总股本中不同性质的股份所占的比例及其相互关系，是公司治理结构的产权基础。国内外学者的大量规范类和实证类研究都证明了股权结构安排与公司治理水平密切相关（Morck et al., 1988；Claessens et al., 2002；Johnson et al., 2000）。本节选取了股权集中度、股权制衡度和机构投资者持股三个方面评价我国证券公司的股权结构。

1. 股权集中度

股权集中度是指全部股东因持股比例的不同所表现出来的股权集中还是股权分散的数量化指标（徐慧玲和吕硕夫，2012），可以衡量公司的股权分布状态及其稳定性。

本书采用第一大股东持股比例指标来衡量股权集中度，即第一大股东持股份额在公司总股份中所占比重。第一大股东持股比例反映的是第一大股东对上市公司的控制程度，过高或者过低都会对公司产生不良影响：第一大股东持股比例很低时，付出与回报不成比例，第一大股东失去监督管理者的动力，无法对经理人施加有效约束，造成公司治理失效；第一大股东持股比例很高时，第一大股东在缺乏外部监督和威胁的情况下，将会通过侵占中小股东利益攫取超控制权收益，实现自身利益最大化，也会导致公司治理失效。因此本书不对第一大股东持股比例的影响做出预先假设。

2. 股权制衡度

股权制衡度是其他大股东对第一大股东或控股股东话语权的制衡程度。一方面，股权制衡可以限制大股东对中小股东的利益攫取行为，更好地保护外部投资者和中小股东的利益（Shleifer and Vishny, 1986）；但是另一方面，股权制衡也可能带来主要股东之间的权力斗争问题，影响公司的决策效率和市场表现。

衡量股权制衡度的指标有许多，如 Z 指数[①]、第二至第五大股东持股比例合计

[①] 第一大股东与第二大股东持股比例的比值。

与第一大股东持股比例的比值、第二至第十大股东持股比例合计与第一大股东持股比例的比值，等等。本书采用第二至第五大股东持股比例合计与第一大股东持股比例的比值来衡量股权制衡度。

3. 机构投资者持股

相比于个人投资者，公募基金等机构投资者拥有信息、人才等资源优势和丰富的管理经验，具有外部独立性，可以有效发挥监督管理者的职能（Shleifer and Vishny，1986），降低上市公司的代理成本（李维安和李滨，2008），提高独立董事的治理效率（吴晓晖和姜彦福，2006），并在投资者保护方面发挥积极作用（宋玉，2009）。增加机构投资者持股可以推动上市公司治理改善，并且优化投资者结构，推进我国资本市场基础制度改革。

因此，本书加入机构投资者持股比例这一变量，即机构投资者所持股份在总股本中所在比例，以此衡量股权结构安排的科学性。

（二）股东利益

2016 年《二十国集团/经合组织公司治理原则》强调了需要保护股东合理利益："公司治理框架应保护和促进股东行使权力，确保全体股东的平等待遇，包括少数股东及外资股东。"因此本书将股东利益的维护作为测度公司治理水平的一个重要考察内容。

1. 股东大会召开情况

股东大会按照召开目的、程序、频率等的不同，可以分为年度股东大会和临时股东大会。年度股东大会一般每年召开一次，主要内容包括审查董事会和监事会的年度工作报告、审查公司的年度财务预算决算报告、审查分红方案，以及其他股东大会的常规事项。股东大会临时会议通常是由于发生了涉及公司及股东利益的重大事项，无法等到股东大会年会召开而临时召集的股东会议。

股东大会是上市公司各股东作为企业股份持有人参与公司重大决策、行使股东权力的重要制度安排，能够有效体现全体股东的集体意志，是股东参与公司治理的重要途径。

因此，本书选取会计年度内股东大会召开次数（年度股东大会与临时股东大会次数之和）作为度量上市公司股东大会召开情况的指标。股东大会召开次数多，股东就有更多机会及时地反映对上市公司各方面的意见和自身利益诉求，体现了股东参与公司治理的程度。

2. 股东参与决策程度

2018 年修正的《公司法》对股东大会通过重大事项的表决权比例做出了详细

规定，如公司合并、分立、解散等重大事项必须经出席会议的股东所持表决权的三分之二以上通过，其他一般决议也须经出席会议的股东所持表决权过半数通过。

出席股东大会的股东或股东代表所持股份比例越高，其所代表的股东利益就越广泛，中小股东能够更好地参与到公司决策中去，能够对董事会和经理层起到更加有效的监管作用，提高公司治理水平。本书采用本年度召开的股东大会上出席股东或股东代表所持股份占总股份比例的平均值，测度股东参与公司决策的程度。

3. 分红派现

投资者进行权益投资的获利来源主要有二：一是公司现金分红；二是公司股价上升带来的资本利得。上市公司适当的现金分红一方面能够给投资者以切实的回报，吸引偏好稳定现金流的投资者，另一方面可以向投资者暗示其具备持续的盈利能力、稳定的长期发展潜力和良好的公司治理水平（张跃文，2012）。有学者认为，要求上市公司派发现金红利可以限制大股东和高管滥用现金流的行为，如在职消费和过度投资（肖珉，2010）。

因此，本书选取公司的定期分红派现行为作为考察公司治理在股东利益方面的指标。如果公司在考察年度内进行了分红派现，则赋值为 1，否则为 0。

二、董事会结构与运作

董事会是对内掌管公司事务、对外代表公司的经营决策和业务执行机构，既是股东的代理人，也是管理层的委托人和监督者。因此，董事会治理是公司治理的核心，是完善公司治理和优化治理机制的关键节点，一个结构合理、运作优良的董事会才能充分发挥其决策和监督的作用。本书从董事会结构和董事会运作两个方面衡量券商董事会治理水平。

（一）董事会结构

我国《公司法》和《上市公司治理准则》对董事会的人员规模、选聘、义务、职责、独立董事比例、专业委员会等内容都做出了专门的详细规定。本书选取了董事会规模、董事会独立性和专业委员会设置情况三个方面衡量公司的董事会结构合理性。

1. 董事会规模

董事会规模是指公司董事总人数。董事会规模通常是董事会特征中经常被考虑的因素（Jensen，1993；Dalton et al.，1999；于东智和池国华，2004）。董事会规模较小，由于董事的时间和精力有限，不能充分发挥董事会的决策和监督职能；董事会规模较大，有利于吸收多样化的人才进入董事会，能够获得更多的关于产品市场、技术、政府政策等影响企业价值的信息，也有助于统筹各利益相关者的利益，但从决策沟通和监督效率上看，较大的董事会规模会带来较高的协调成本和搭便车问题。

2. 董事会独立性

董事会独立性指董事会能够不受 CEO 及其他高层管理者的影响独立工作的程度。独立董事的独立性使其可以站在公正客观的立场上对问题做出相对准确的判断，并且独立董事通常是财务、法律或其他专业领域的专家学者，通过提出更专业、科学、客观的建议，提高董事会决策效率，监督公司经营管理，提高公司绩效和治理水平。

本书采取独立董事人数占董事会总人数的比例来衡量董事会独立性。

3. 专业委员会设置情况

专业委员会通常指由董事会设立的、由公司董事组成的行使董事会部分权力或者为董事会行使权力提供帮助的董事会内部常设机构（谢增毅，2005）。专业委员会的设立和运行可以在一定程度上弥补董事会自身的不足，确保董事会有效发挥其功能。专业委员根据公司发展的需要设置，有战略委员会、提名委员会、薪酬与考核委员会、审计委员会、风险管理委员会、关联交易委员会等。

《上市公司治理准则》提出："上市公司董事会应当设立审计委员会，并可以根据需要设立战略、提名、薪酬与考核等相关专门委员会。"因此本书采用公司董事会下属审计委员会、战略委员会、提名委员会、薪酬与考核委员会的设立个数来衡量董事会权力结构设置的合理性和履行相关职能的专业性。

（二）董事会运作

董事会运作是指董事会的功能与作用的实现状态，有效运作的董事会能够保证公司经营方向的准确性和风险的可控性，监督管理层工作，维护股东利益。本书选取了董事会会议召开情况、董事薪酬水平和董事持股情况三个方面衡量公司的董事会运行的有效性。

1. 董事会会议召开情况

董事会会议是董事会开展工作、履行职责的首要工作形式，是决定董事会运作效率的重要因素。董事会通过投票表决，针对公司重大决策方案和基本制度的决策发表意见，实现董事会监督职能、咨询职能、控制职能和资源提供职能的发挥。我国《公司法》对董事会会议的召集程序、议事方式、表决机制、会议记录和信息披露等做出了详细规定。

董事会会议次数反映了董事会行为的强度，因此本书选用这一指标衡量董事会会议的召开情况。

2. 董事薪酬水平

董事薪酬水平是影响董事责任承担积极性的重要因素，合理的董事薪酬能够提高董事作为监督者的积极性（周婷婷，2014），促使董事为促进公司发展而积极工作，提高董事会运作效率。因此本书选取董事前三名薪酬总额的自然对数作为衡量董事薪酬激励的变量。

3. 董事持股情况

我国《上市公司股权激励管理办法》规定，"激励对象可以包括上市公司的董事、高级管理人员、核心技术人员或者核心业务人员，以及公司认为应当激励的对公司经营业绩和未来发展有直接影响的其他员工"。通过针对董事的股权激励计划，可以保持董事利益和股东利益一致，形成对董事有效履职的长期激励，从而调动董事深入参与企业经营发展的积极性，以及使其自觉严格履行对管理层的监督职责。

本书选取全体董事持有股份占总股份的比例来衡量公司对董事的长期激励机制。

三、监事与监事会

我国《公司法》对监事会的规模、人员构成、任职资格、换届选举、职责、监事会会议召开等做了明确规定，在法律层面明确规定监事会是对公司日常经营活动和高管行为进行监督的重要治理机制。

1. 监事会规模

监事会的职责是对公司财务及公司董事和其他高管履行职责的合法合规性进行监督。较大规模的监事会表明监事会成员具有多元性，可以代表不同利益相关者的利益，既有利于监事会的权力均衡分配，也有利于对管理者形成更加全面、有效的监督，同时也有利于对其他利益相关者的维护。因此本书选择监事会总人数来衡量监事会规模和履职能力。

2. 监事会会议召开情况

监事会的作用在于监督、约束董事及高管的行为，召开监事会会议是监事会日常运作的重要方式，是公司监事们进行沟通的重要途径，因此监事会会议的召开次数也直接反映了监事职能的履行效率和监事会的运作效率。我国《公司法》对监事会会议和临时监事会会议的召开程序和表决机制做出了明确规定。本书选取会计年度内公司监事会会议召开次数来衡量监事会运作有效性。

3. 监事持股情况

如果监事持有该公司一定比例股份，就可以享受到公司价值增长带来的收益。因此，监事持股可以形成对监事在经济方面的有效激励，提高监事履行职责的时间投入和努力程度，更好地监督董事和高管行为，努力减少侵占、挪用、担保等不良行为给上市公司带来的风险，维护股东和其他利益相关者的合法权益。因此本书选取了全体监事持有股份占总股份的比例来衡量公司对监事的激励机制。

四、经理层

经理层是指公司中担任重要职务、负责公司经营管理、掌握公司重要信息的高管。经理层是企业运营的核心，是完成董事会目标的执行者，因此必须将经理层治理作为衡量公司治理水平的重要内容。

1. 内部人控制

我国《公司法》规定，公司董事会可以决定由董事会成员兼任经理。在董事兼任经理，特别是董事长兼任总经理的情况下，兼任的高管人员集董事会的决策权与管理层的执行权于一身，可能导致董事会的监督流于形式，增加公司的经营风险，同时高管人员权力过大也很容易诱发道德风险。研究表明，决策控制与决策管理职能的分离能够降低代理成本（Fama and Jensen，1983；严若森，2009），因此公司在进行董事、监事、高管人员选聘时应当注意避免不必要的人员兼任，防止出现内部人控制问题，保护所有者合法权益。因此，本书选取两个指标衡量公司的高层人员职务安排的合理性。

（1）两职分离：公司总经理与董事长是否为同一人，如果董事长不兼任总经理则取1，否则取0。

（2）内部人控制水平：经理层中兼任董事人数占董事会成员总数的比例。

2. 高管薪酬水平

高管的货币薪酬是公司治理中重要的报酬激励机制，合理的薪酬契约设计可以将管理者的财富与公司的业绩联系在一起，进而可以有效地使公司管理者与股东的利益趋同化（Frydman and Saks，2010），激励高管人员努力工作，减少机会主义行为，缓解代理问题，降低代理成本（Belghitar and Clark，2015），以实现企业价值最大化。因此，本书选取高管前三名薪酬总额的自然对数，用来衡量高管的货币薪酬激励情况。

3. 高管股权激励

股权激励是为弥补薪酬激励的不足而出现的，管理层持股或股票期权激励等，使高管人员真正成为公司的所有者和剩余索取权的拥有者，使其主动约束自身的道德风险和逆向选择行为，采取提高公司价值和审慎的经营行为，减少公司的代理成本（Conyon and He，2011），保证公司持续稳定的发展。因此本书采取全体高管人员所持股份占总股份的比例来衡量公司对经理层的长期激励水平。

五、合规管理

合规诚信是证券行业健康可持续发展的基石，因此监管部门不断优化行业治理体系，在底线监管的基础上，持续强化行业自律与合规管理。

2008 年中国证监会发布《证券公司合规管理试行规定》，在证券行业推行合规管理制度。在总结实践经验基础上，中国证监会以《证券公司合规管理试行规定》为蓝本，吸收合并基金行业合规管理规定的内容，于 2017 年颁布了《证券公司和证券投资基金管理公司合规管理办法》，同年中国证券业协会发布《证券公司合规管理实施指引》，进一步阐明合规管理基本概念，细化合规管理各项职责，明确合规管理保障机制，明确合规管理考核问责机制，并提出子公司层面的合规管理要求。2019 年新《证券法》也对证券公司的合规管理和风控管理进一步以法律形式加以约束。

本书参考中国证监会发布的《证券公司分类监管规定》（2017 年修订）中相关评价指标及杨敏和张晴（2016）对证券公司违规行为的分类，将证券公司违规行为分为以下 5 类。

（1）信息披露：信息披露不合规包括信息披露不及时、不准确、不完善和信息披露制度不完善，存在虚假记载、误导性陈述或者重大遗漏。

（2）客户管理与权益保护：客户管理不合规包括未对客户身份进行审查、客户佣金管理不规范、未按照客户要求签订合同、未评估客户的风险承受能力等；客户权益保护不合规包括挪用客户交易结算资金、挪用客户委托管理的资产、挪用客户托管的债券等。

（3）证券市场交易行为：证券市场交易行为违规包括内幕交易、操纵市场，以及其他违规买卖证券的行为。

（4）承销与保荐：承销与保荐违规包括未能按照勤勉尽责的要求对所保荐或

承销的公司进行全面、认真的核查，未能发现并披露公司财务报告和其他重要文件中存在的虚假陈述，出具的保荐书等文件中存在虚假记载、误导性陈述或者重大遗漏等行为。

（5）其他：其他违规行为是指不属于上述违规类型的违规行为。例如，向客户融资融券、信息系统安全问题、超范围经营证券及其他业务、违规拆借资金等。

如果证券公司在会计年度内没有被中国证监会及其分支机构、中国人民银行、上海证券交易所、深圳证券交易所等处以行政处罚、内部通报批评等监管措施，那么相关变量取值为1，否则为0。

六、风险管理

券商风险管理的目的是降低在业务活动中发生损失的可能性而进行制度安排、组织管理和程序操作。我国券商作为发行中介、交易中介、投融资中介、信息披露中介，其风险管理的质量不仅关系到自身的经营发展，而且直接影响到金融市场的稳定（王啸远，2014）。

（一）风险管理制度

2006年《证券公司风险控制指标管理办法》规定，证券公司应当根据自身资产负债状况和业务发展情况，建立动态的风险控制指标监控和补足机制，确保净资本等各项风险控制指标在任一时点都符合规定标准。同时规定，证券公司应当在开展各项业务及分配利润前对风险控制指标进行敏感性分析，合理确定有关业务及分配利润的最大规模。

《证券公司风险控制指标管理办法》（2008年修订）增加了对证券公司压力测试机制的要求，规定"证券公司应当建立健全压力测试机制，及时根据市场变化情况对公司风险控制指标进行压力测试"。

《证券公司风险控制指标管理办法》（2016年修正）提出证券公司应当根据中国证监会有关规定建立符合自身发展战略需要的全面风险管理体系。证券公司应当将所有子公司以及比照子公司管理的各类孙公司纳入全面风险管理体系，强化分支机构风险管理，实现风险管理全覆盖。全面风险管理体系应当包括可操作的管理制度、健全的组织架构、可靠的信息技术系统、量化的风险指标体系、专业的人才队伍、有效的风险应对机制。

因此，本书选取是否建立了动态的风险控制指标监控和资本补足机制、是否具有健全的压力测试机制、是否建立了符合自身发展战略需要的全面风险管理体系，对证券公司风险管理制度的完备性进行评价，是则取1，否则取0。

（二）风险控制指标

通过不断结合实践和国际先进经验，我国的证券公司风险控制指标体系逐渐从以净资本为核心发展成为以净资本和流动性为核心，督促证券公司不断加强内部控制、提升风险管理水平。

《证券公司风险控制指标管理办法》（2008 年修订）规定，"证券公司必须持续符合下列风险控制指标标准：（一）净资本与各项风险资本准备之和的比例不得低于100%；（二）净资本与净资产的比例不得低于40%；（三）净资本与负债的比例不得低于 8%；（四）净资产与负债的比例不得低于 20%。"

2016 年中国证监会对《证券公司风险控制指标管理办法》做出了调整，对风险控制指标体系增加了流动性的要求，相应风险控制指标也发生了变化，规定，"证券公司必须持续符合下列风险控制指标标准：（一）风险覆盖率不得低于 100%；（二）资本杠杆率不得低于 8%；（三）流动性覆盖率不得低于 100%；（四）净稳定资金率不得低于 100%；其中：风险覆盖率=净资本/各项风险资本准备之和×100%；资本杠杆率=核心净资本/表内外资产总额×100%；流动性覆盖率=优质流动性资产/未来 30 天现金净流出量×100%；净稳定资金率=可用稳定资金/所需稳定资金×100%。"

由于自 2016 年起，监管对于风险控制指标标准的要求发生了变化，只有风险覆盖率（净资本与各项风险准备之和的比例）这一项指标始终存在于新老版本的《证券公司风险控制指标管理办法》中，因此本书除了选取风险覆盖率指标以外，参照 2006 年和 2008 年版本的《证券公司风险控制指标管理办法》，另外选取净资本与净资产的比例、净资本与负债的比例、净资产与负债的比例是否符合监管规定，作为衡量 2016 年之前证券公司风险控制水平的判断标准。2016 年之后，则采用《证券公司风险控制指标管理办法》（2016 年修正）中提出的资本杠杆率、流动性覆盖率、净稳定资金率是否符合监管规定作为判断标准。由于 2016 年前后均选取 4 项风险控制指标作为判断标准，并且都是进行是否满足监管规定的 0～1 打分，所有样本内的券商在同一时期采用的指标相同，因此指标内容的变化并不影响对券商公司治理的评价。

七、信息披露

上市公司信息披露质量是衡量上市公司治理是否有效的重要标准。充分的信息披露有助于缓解投资者所处的信息劣势，帮助一般投资者更好地掌握公司内部的经营决策信息，实现对公司内部人员的有效监督。因此，各国公司法和证券法均对上市公司做出信息披露的强制要求，帮助投资者做出合理的价值判断。

1. 年报质量

上市公司年报质量主要是通过注册会计师对上市公司的财务报表审计之后，对其报表发表的审计意见来体现。审计意见分为 5 种类型：标准的无保留意见、带强调事项段的无保留意见、保留意见、否定意见、无法表示意见。如果注册会计师对某家上市公司出具了非标准的审计意见，就说明该上市公司披露的信息没有客观、真实地反映其经营情况，也说明其公司治理方面存在一定的问题（冯蕾，2017）。本书规定如下。

如果上市公司年报审计意见为标准的无保留意见则该变量取 1，否则取 0。

2. 内部控制的对外披露

一个健全的内部控制机制是完善的公司治理结构的体现，内部控制的创新和深化也会促进公司治理的完善和现代企业制度的建立（阴崇娜，2012）。

2003 年中国证监会为了促进证券公司规范发展、有效防范和化解金融风险、维护证券市场的安全与稳定，发布了《证券公司内部控制指引》；2003 年还发布了《关于加强证券公司营业部内部控制若干措施的意见》。2010 年 4 月 15 日，根据国家有关法律法规和内控基本规范，多部门联合颁布了《企业内部控制应用指引第 1 号——组织架构》等 18 项应用指引、《企业内部控制评价指引》和《企业内部控制审计指引》，该指引要求上述公司对内部控制的有效性进行自我评价，披露年度自我评价报告，同时应当聘请会计师事务所对财务报告内部控制的有效性进行审计并出具审计报告。

因此，本书选取公司是否披露内部控制评价报告（是=1，否=0）作为衡量公司内部控制信息披露情况的变量。

3. 聘请境外事务所

当境内公司存在境外发行证券和上市活动时，上市公司同样需聘请境外事务所，面对境外审计监管。从中国上市公司赴境外上市的情况来看，大多数是赴中国香港和北美上市，中国香港和北美（特别是美国）较完善的监管环境可以促使上市公司更真实和及时地披露信息，这为上市公司的信息披露质量提供了更多保障。因此，本书采取是否聘请境外事务所作为衡量信息披露的一项评价指标，规定如下。

如果公司聘请了境外事务所则该变量取 1，否则取 0。

第二节　我国券商公司治理评价指标体系的计算

第一节讨论了我国券商公司治理指标体系的设计思路、理论依据和评价标准，本节将阐述因子分析法的基本概念和原理，以及如何通过因子分析法对我国券商的公司治理水平进行综合评分并排名。

一、因子分析法计算券商公司治理评价指数

因子分析法是指从信息重叠、具有错综复杂关系的变量群中提取少数共性因子的统计技术，于 1904 年由 Charles Spearmen 等开创，目前已经广泛运用于多领域。

（一）基本原理

因子分析法的基本思想是通过变量的相关性大小对变量进行分组，进而把相关性比较强的变量分为一组，在尽可能不损失信息或少损失信息的情况下，将多个原始变量综合成较少的几个因子。

因子分析法可以通过数学模型来表示：

$$x_1 = a_{11}F_1 + a_{12}F_2 + a_{13}F_3 + \cdots + a_{1m}F_m$$
$$x_2 = a_{21}F_1 + a_{22}F_2 + a_{23}F_3 + \cdots + a_{2m}F_m$$
$$x_3 = a_{31}F_1 + a_{32}F_2 + a_{33}F_3 + \cdots + a_{3m}F_m \qquad （7\text{-}1）$$
$$\cdots\cdots$$
$$x_p = a_{p1}F_1 + a_{p2}F_2 + a_{p3}F_3 + \cdots + a_{pm}F_m$$

其中，$x_1, x_2, x_3, \cdots, x_p$ 表示 p 个原始变量，是均值为 0，标准差为 1 的标准化变量；$F_1, F_2, \cdots, F_m$ 表示 m 个因子变量，m 小于 p，表示成矩阵形式为

$$X = AF + \varepsilon \qquad （7\text{-}2）$$

其中，F 表示公共因子；A 表示因子载荷矩阵；ε 表示特殊因子，是原始变量不能被因子解释的部分。

（二）基本步骤

因子分析法涉及四个步骤。

1. 判断待分析的原始变量是否适合运用因子分析法

由于因子分析法是要得到少数指标来反映原始变量的绝大部分信息，因此要求原始变量之间有比较强的相关性。对原始变量相关性的判别一般有三种方法。

相关系数矩阵法：一般而言，大多数原始变量之间相关系数过小则不适合因子分析法。

Bartlett 球度检验：用于检验相关阵中各变量间的相关性，是否为单位阵，即检验各个变量是否各自独立。如果变量间彼此独立，则无法从中提取公因子，也就无法应用因子分析法。

KMO 检验[①]统计量：KMO 检验统计量是用于比较变量间简单相关系数和偏相

关系数的指标，在 0～1 取值，KMO 检验值越接近于 1，说明变量间的相关性越强，原有变量越适合做因子分析。通常采用 0.5 作为分界线。

2. 构造因子变量

这一步是因子分析法的核心内容，包括主成分法、极大似然法、主因子法、迭代主因子法等。按一定的标准确定提取的因子数目，一般要求特征值大于 1，并通过对累计方差贡献度的判断（一般采用达到 70%以上）确定公共因子数。

3. 利用旋转方法使因子变量具有可解释性

如果从成分矩阵中很难看出某个变量在因子上的负载比较高，通常的做法是对成分矩阵进行方差最大正交旋转，使每个因子上具有最大载荷的变量数最小，一个因子变量成为以某个变量的典型代表，来更好地解释公共因子。

4. 计算样本数据的因子得分

将因子变量表示为原有变量的线性组合，通过因子得分函数计算因子得分。最后，以选出的各公共因子的方差贡献率为权重，由各因子的线性组合得到综合评价指标得分。

二、确定公司治理评价等级

在计算得出券商历年的公司治理综合得分后，对券商进行等级划分。具体来说，对处于同一年度的我国上市券商的公司治理综合得分进行排序，按照得分从高到低，等比例划分为 A、B、C、D、E 5 个等级。如果遇到某年度内上市券商数量不是 5 的倍数，即不能等额划分为 5 个等级，就将多出的数目依次增加到 A、B、C、D 等级中。例如，某年有 13 个有效样本计算得到了公司治理综合得分，那么将其从高到低排列后，顺序划分为 3 个 A 等，3 个 B 等，3 个 C 等，2 个 D 等，2 个 E 等。

第三节 构建我国券商公司治理评价方法

本节是对本章内容的总结。表 7-1 展示了我国券商公司治理评价指标体系的详细指标和计算标准，是本章第一节的主要内容。在收集整理如表 7-1 所示的原始变量后，使用因子分析法提取公共因子并计算综合得分，最后根据综合得分排序，确定我国券商的公司治理评价等级。第八章将基于本章的内容，对我国上市券商的公司治理评价进行实证分析。

表 7-1　券商公司治理评价指标体系

一级指标	二级指标	评价标准
股东	股权集中度	第一大股东持股比例（%）
	股权制衡度	第二至第五大股东持股比例合计/第一大股东持股比例
	机构投资者持股	机构投资者所持股份在总股本中所占比例（%）
	股东大会召开情况	本年度股东大会召开次数
	股东参与决策程度	本年度股东大会出席股东所持股份比例的平均数（%）
	分红派现	公司定期分红派现=1，否则=0
董事会	董事会规模	董事会总人数
	董事会独立性	独立董事人数/董事会总人数
	专业委员会设置情况	审计委员会、战略委员会、提名委员会、薪酬与考核委员会的设立个数
	董事会会议召开情况	本年度董事会会议召开次数
	董事薪酬水平	董事前三名薪酬总额的自然对数
	董事持股情况	董事持股比例之和（%）
监事会	监事会规模	监事会总人数
	监事会会议召开情况	本年度监事会会议次数
	监事持股情况	监事会持股比例（%）
经理层	两职分离	总经理与董事长不是同一人=1，否则=0
	内部人控制水平	经理层中兼任董事人数占董事会成员总数的比例
	高管薪酬水平	高管前三名薪酬总额的自然对数
	高管股权激励	高管持股比例（%）
合规管理	信息披露	不存在信息披露违规行为=1，否则=0
	客户管理与权益保护	不存在客户管理与权益保护违规行为=1，否则=0
	证券市场交易行为	不存在证券市场交易违规行为=1，否则=0
	承销与保荐	不存在承销与保荐违规行为=1，否则=0
	其他	不存在其他类型的违规行为=1，否则=0
风险管理	风险监控和资本补足	建立了动态的风险控制指标监控和资本补足机制=1，否则=0
	压力测试机制	具有健全的压力测试机制=1，否则=0
	全面风险管理体系	建立了符合自身发展战略需要的全面风险管理体系=1，否则=0
	风险覆盖率	满足监管要求=1，否则=0
	净资本/负债（资本杠杆率）	满足监管要求=1，否则=0
	净资产/负债（流动性覆盖率）	满足监管要求=1，否则=0
	净资本/净资产（净稳定资金率）	满足监管要求=1，否则=0
信息披露	年报质量	年报审计意见为标准无保留意见=1，否则=0
	内部控制的对外披露	披露了内部控制评价报告=1，否则=0
	聘请境外事务所	聘请了境外事务所=1，否则=0

第八章　券商的公司治理评价的实证分析

本章主要是运用第七章构建的券商公司治理评价指标体系，对我国上市券商的公司治理情况进行评价，并根据评价结果进行深入分析，在此基础上提出改善我国券商公司治理的建议。

第一节　券商公司治理评价方法的实证应用

这一节对我国券商公司治理评价指标体系的实证应用的样本选取与数据来源、数据处理方法与程序等进行说明。

一、样本选取与数据来源

本书选取 2006～2019 年我国上市券商作为研究对象。选择 2006 年作为起始年度，是因为 2006 年中国证监会颁布了《证券公司风险控制指标管理办法》，开始对证券公司的风险管理提出明确的监管要求。证券公司是资本市场最重要的中介机构，本身是经营风险的行业，风险管理能力是其核心竞争力，也是支撑行业高质量发展的生命线。为了使评价体系更加符合证券公司行业特征，本书在传统公司内部治理框架的基础上加入了风险管理和合规管理的内容，考虑到公开数据的可获得性，选取了 2006 年作为研究的起始年度。删除关键指标缺失的样本后，共有 248 个有效样本。

需要特别说明的是，东北证券（000686）是 2007 年锦州经济技术开发区六陆实业股份有限公司吸收合并东北证券有限责任公司成立；国元证券（000728）是 2007 年由北京化二股份有限公司吸收合并国元证券有限责任公司设立；国海证券（000750）是 2011 年国海证券有限责任公司借壳桂林集琦药业股份有限公司上市；广发证券（000776）是 2010 年延边公路建设股份有限公司吸收合并广发证券股份有限公司设立；长江证券（000783）是 2007 年石家庄炼油化工股份有限公司吸收合并长江证券有限责任公司设立；国金证券（600109）是 2008 年成都城建投资发展股份有限公司吸收合并国金证券有限责任公司设立；西南证券（600369）是 2009 年由重庆长江水运股份有限公司吸收合并西南证券有限责任公司设立；海通证券（600837）是 2007 年上海市都市农商社股份有限公司吸收合并海通证券股份有限公司设立。上述券商的证券代码在原券商借壳上市之前就已经存在，但是不属于证券公司范畴，因此需要将对应样本点删除。

关于样本的数据来源，本书建立的我国券商公司治理评价指标体系中，合规管理的数据来源于中国证监会行政处罚公告和 CSMAR 数据库"公司研究系列—违规处理"数据库，与第五章第二节采用的数据来源一致。机构投资者持股比例指标来源于 RESSET 数据库。风险管理部分的净资本/负债、净资产/负债、净资本/净资产、风险覆盖率、资本杠杆率、流动性覆盖率、净稳定资金率等指标来源于 Wind 数据库。

二、数据处理方法与程序

本书采用 Excel 进行原始数据收集、整理和 0～1 变量赋值，并使用 SPSS 22.0 软件进行因子分析，计算得到综合评分。具体计算原则和流程在第七章第二节中已经进行了详细说明。

第二节　券商公司治理评价结果分析

本书采用 SPSS 22.0 软件进行数据处理，本节主要呈现 2006 年至 2019 年我国上市券商公司治理评价的打分结果，并就相关重点内容进行分析说明。

一、指标描述性分析

本节首先对指标体系中公司治理变量的样本数据进行描述性分析，表 8-1 是对上市券商公司治理指标的描述性统计。

表 8-1　上市券商公司治理指标描述性分析

一级指标	二级指标	最低值	最高值	均值	标准差
股东	股权集中度	0.06	0.64	0.26	0.10
	股权制衡度	0.14	3.24	1.24	0.62
	机构投资者持股	0.00	0.91	0.40	0.24
	股东大会召开情况	1.00	9.00	3.31	1.51
	股东参与决策程度	0.00	1.00	0.56	0.16

续表

一级指标	二级指标	最低值	最高值	均值	标准差
董事会	董事会规模	5.00	19.00	11.25	2.79
	董事会独立性	0.27	0.60	0.37	0.04
	专业委员会设置情况	2.00	4.00	3.92	0.28
	董事会会议召开情况	4.00	20.00	10.46	3.01
	董事薪酬水平	11.18	17.01	15.17	1.10
	董事持股情况	0.00	3.20	0.06	0.40
监事会	监事会规模	1.00	13.00	6.21	2.68
	监事会会议召开情况	0.00	10.00	4.84	1.95
	监事持股情况	0.00	0.02	0.00	0.00
经理层	内部人控制水平	0.00	0.60	0.13	0.09
	高管薪酬水平	13.64	17.32	15.83	0.64
	高管股权激励	0.00	0.12	0.00	0.02

注：样本量为 248 个

由表 8-1 可知，股东治理评价层面，2006 年至 2019 年 248 个上市券商样本在股东大会召开情况、股权制衡度和机构投资者持股三项指标存在较大差异。股权集中度，即第一大股东持股比例最高值是 0.64，最低值是 0.06，分别对应 2019 年华林证券及 2011 年海通证券的第一大股东持股情况。股权制衡度，即第二至第五大股东持股比例合计与第一大股东持股比例的比值最高值是 3.24，最低值是 0.14，分别对应 2019 年浙商证券和 2010 年太平洋证券。机构投资者持股样本最高值是 0.91，对应样本为 2018 年国信证券，最低值为 0.00。各上市券商股东大会召开情况差异较明显，每年最多召开次数是 9 次，最少仅有 1 次；股东参与决策程度也有所不同，该项指标度量比例最高值可达 1.00，最低值为 0.00。总体而言，我国上市券商股东治理的方式和途径不尽相同，比较明显的趋势是机构投资者持股比例较早期普遍提升。

董事会治理评价层面，由于时间跨度较大且券商业务规模等诸多方面存在差异，董事会规模、董事会会议召开情况和董事薪酬水平在各样本间变化较为显著。中信证券和海通证券董事会规模都曾高达 19 人，近年来中信证券董事会规模有所缩减。董事会会议召开情况与券商当年重要事项发生有着紧密联系，2015 年招商证券和 2013 年国元证券都曾召开 20 次董事会。2014 年，中信证券给予董事薪酬激励最高，达到样本最高值；2010 年山西证券给予董事股权激励最高，为 3.20%，普遍看来，我国上市券商更为注重薪酬激励，采用股权激励的比重较小。

独立董事在董事会中占比有明确的要求，即至少三分之一，除极少数券商在特殊年份未达标外，其余券商均满足该项指标。目前，我国上市券商专业委员会设置情况较好，92%以上的样本券商均设立了 4 个专业委员会。

监事会治理评价层面，2006 年至 2019 年 248 个上市券商样本间差别最为显著。监事会规模 1 人至 13 人不等，海通证券监事会规模在各年度基本均维持在 10 人以上，在 2015 年达到 13 人。监事会会议召开情况大多集中在 4 次至 7 次，共 195 条样本数据集中在此区间。仅有不到 10%的样本存在监事持股情况，其中，中信证券在 2006 年至 2019 年均有监事持股，东北证券、光大证券、国元证券、长江证券和东兴证券也曾有监事持股，总体持股份额偏低。

经理层治理评价层面，内部人控制水平反映的是经理层中兼任董事人数占董事会成员总数的比例。总体而言，我国上市券商内部人控制水平比较低，约 91.5%的样本数据该项指标不超过 30%，仅 2019 年华林证券该项指标达到了 60%。高管激励以现金薪酬激励为主，股权激励为辅，高管薪酬水平差异较小，中信证券近几年一直保持行业内顶尖高管的薪酬待遇，2018 年达到样本最高值，并且多年来一直保持着股权激励的方式。除中信证券外，长江证券于 2015~2016 年实施过高管股权激励。从整体来看，高管股权激励的方式应用范围并不广泛。

表 8-2 呈现的是指标体系中虚拟变量各年份的分布情况。

2006 年至 2019 年，长城证券、中信建投、国泰君安、国信证券、光大证券、山西证券、西部证券和国元证券八家券商分红派现。统计期间，董事长与总经理不兼任的券商数量总体上升，除 2006 年和 2007 年外，董事长与总经理不兼任的券商数量和该年份券商总数的比值均高于 78%。合规管理层面的各项指标数据情况在本书的第五章已经做了较为详细的阐述和分析，在此不做过多介绍。风险管理层面，自 2015 年起，基本所有券商都能够达到各项指标要求。信息披露层面，由于越来越多的券商返回 A 股上市，统计得到的选择聘请境外事务所的券商数量逐渐增加；2019 年各券商在年报质量和内部控制的对外披露的得分都等于 1，说明 2019 年各券商的年报编制和内部控制对外披露工作完成得都比较好。

二、因子分析法的可行性检验

判断一组数据是否适合做因子分析主要采用 KMO 检验和 Bartlett 球度检验。一般来讲，KMO 输出结果高于 0.5，采用因子分析法是合适的，反之则不适用，KMO 统计量数值越大，表示样本数据间相关性越紧密，因子分析法效果越佳。对于 Bartlett 球度检验，其显著性结果越低，适用性越强。

表 8-2　上市券商公司治理虚拟变量统计分析

一级指标	二级指标	2006 年	2007 年	2008 年	2009 年	2010 年	2011 年	2012 年	2013 年	2014 年	2015 年	2016 年	2017 年	2018 年	2019 年
股东	分红派现	0	1	0	1	1	0	1	0	1	1	0	0	2	0
经理层	两职分离	0	4	5	8	13	16	17	17	16	18	19	22	28	32
	信息披露	1	6	6	9	13	14	13	14	15	16	18	22	27	31
	客户管理与权益保护	1	6	6	9	13	16	17	16	17	21	18	25	31	34
合规管理	证券市场交易行为	1	4	4	6	11	14	15	14	13	17	21	23	32	33
	承销与保荐	1	6	6	9	13	16	18	18	19	23	24	26	32	35
	其他	1	6	6	9	13	16	17	16	14	15	21	25	32	35
	全面风险管理体系	1	6	6	9	12	15	16	17	18	23	24	28	32	35
	风险监管和资本补足	0	5	5	8	10	15	15	17	18	21	23	27	31	35
	压力测试机制	0	3	4	8	12	16	17	18	19	23	24	28	32	35
风险管理	风险覆盖率	0	6	6	8	13	16	18	18	19	23	24	28	32	35
	资本杠杆率	0	6	6	9	12	16	18	18	19	23	24	28	32	35
	流动性覆盖率	0	6	5	7	11	16	17	18	18	23	24	28	32	35
	净稳定资金率	0	6	5	7	12	16	17	18	19	23	24	28	32	35
	年报质量	0	6	6	9	13	16	18	18	18	23	24	28	32	35
信息披露	内部控制的对外披露	0	0	3	3	6	16	17	18	19	22	24	27	31	35
	聘请境外事务所	1	0	0	0	0	1	3	3	3	5	8	11	12	13
	参与统计的券商数量	1	6	6	9	13	16	18	18	19	23	24	28	32	35

表 8-3 是本书公司治理指标体系的检验结果。KMO 检验值为 0.515，高于 0.5 的标准界限，但超出不多，说明需要构建较多的公共因子才能够更好地对变量进行解释。Bartlett 球度检验的结果趋近于 0，表明样本数据采用因子分析法是合理的。综上，本书指标体系的构建可以采用因子分析法。

表 8-3　KMO 检验和 Bartlett 球度检验

KMO 检验值		0.515
Bartlett 球度检验	近似卡方	3084.859
	自由度	561.000
	p 值	0.000

三、变量共同度与累计方差贡献度

将 2006 年至 2019 年 248 组上市券商公司治理数据进行因子分析，运用主成分分析法提取因子并选取特征值大于 1 的因子，输出变量共同度表格如表 8-4 所示。

表 8-4　变量共同度

指标名称	初始	提取	指标名称	初始	提取
股权集中度	1.000	0.839	高管薪酬水平	1.000	0.612
股权制衡度	1.000	0.751	高管股权激励	1.000	0.872
机构投资者持股	1.000	0.715	信息披露	1.000	0.648
股东大会召开情况	1.000	0.652	客户管理与权益保护	1.000	0.615
股东参与决策程度	1.000	0.648	证券市场交易行为	1.000	0.697
分红派现	1.000	0.641	承销与保荐	1.000	0.779
董事会规模	1.000	0.826	其他	1.000	0.532
董事会独立性	1.000	0.644	全面风险管理体系	1.000	0.753
专业委员会设置情况	1.000	0.630	风险监控和资本补足	1.000	0.687
董事会会议召开次数	1.000	0.720	压力测试机制	1.000	0.692
董事薪酬水平	1.000	0.809	风险覆盖率	1.000	0.701
董事持股情况	1.000	0.632	资本杠杆率	1.000	0.631
监事会规模	1.000	0.786	流动性覆盖率	1.000	0.874
监事会会议召开情况	1.000	0.553	净稳定资金率	1.000	0.823
监事持股情况	1.000	0.760	年报质量	1.000	0.683
两职分离	1.000	0.632	内部控制的对外披露	1.000	0.587
内部人控制水平	1.000	0.737	聘请境外事务所	1.000	0.674

由表 8-4 可知，绝大部分因子共同度均高于 0.6，流动性覆盖率、高管股权激励、股权集中度、董事会规模、净稳定资金率和董事薪酬水平六项指标共同度超过了 0.8，说明提取的各项因子具备较好地解释样本信息的能力。

表 8-5 则提供了因子分析过程中所提取的各个因子对变量的整体解释程度。最后三列数据展示的是旋转后的因子方差贡献情况，第一个因子能够包含总方差中 9.071% 的信息，第二个因子能够包含总方差中 7.976% 的信息，第三个因子能够包含总方差中 6.443% 的信息，单个因子方差贡献度逐渐减少，累计方差贡献不断上升。选取 13 个因子则能将 70.098% 的样本信息纳入指标体系，总体而言，因子分析法的效果较为理想。

表 8-5　累计方差贡献度

成分	初始特征值			提取载荷平方和			旋转载荷平方和		
	总计	方差	累计	总计	方差	累计	总计	方差	累计
1	3.912	11.506%	11.506%	3.912	11.506%	11.506%	3.084	9.071%	9.071%
2	2.830	8.323%	19.829%	2.830	8.323%	19.829%	2.712	7.976%	17.047%
3	2.249	6.616%	26.445%	2.249	6.616%	26.445%	2.191	6.443%	23.490%
4	2.238	6.581%	33.026%	2.238	6.581%	33.026%	2.035	5.984%	29.474%
5	1.938	5.700%	38.726%	1.938	5.700%	38.726%	1.903	5.597%	35.072%
6	1.867	5.491%	44.216%	1.867	5.491%	44.216%	1.749	5.143%	40.215%
7	1.539	4.528%	48.744%	1.539	4.528%	48.744%	1.679	4.937%	45.152%
8	1.471	4.328%	53.072%	1.471	4.328%	53.072%	1.640	4.822%	49.974%
9	1.322	3.889%	56.961%	1.322	3.889%	56.961%	1.506	4.429%	54.403%
10	1.210	3.558%	60.520%	1.210	3.558%	60.520%	1.467	4.314%	58.717%
11	1.158	3.406%	63.926%	1.158	3.406%	63.926%	1.324	3.894%	62.611%
12	1.069	3.143%	67.069%	1.069	3.143%	67.069%	1.314	3.863%	66.475%
13	1.030	3.029%	70.098%	1.030	3.029%	70.098%	1.232	3.624%	70.098%
14	0.958	2.817%	72.915%						
15	0.949	2.791%	75.707%						
16	0.882	2.596%	78.302%						
17	0.768	2.259%	80.562%						
18	0.687	2.022%	82.583%						
19	0.680	1.999%	84.583%						
20	0.656	1.930%	86.513%						
21	0.621	1.827%	88.340%						
22	0.547	1.608%	89.948%						
23	0.520	1.530%	91.478%						

续表

成分	初始特征值			提取载荷平方和			旋转载荷平方和		
	总计	方差	累计	总计	方差	累计	总计	方差	累计
24	0.455	1.339%	92.817%						
25	0.409	1.203%	94.020%						
26	0.385	1.133%	95.153%						
27	0.367	1.080%	96.232%						
28	0.320	0.942%	97.174%						
29	0.277	0.814%	97.988%						
30	0.233	0.685%	98.673%						
31	0.166	0.488%	99.161%						
32	0.135	0.397%	99.558%						
33	0.096	0.282%	99.840%						
34	0.054	0.160%	100.000%						

注：表内数据由原始数据计算得出，由于保留小数位等原因，表中展示的方差列的累计结果与累计列存在偏差

　　另外，通过碎石图也能够较为清晰且直观地看出各因子的特征值情况。由图 8-1 可知，本次因子分析结果中，因子特征值最高接近于 4，而后不断下降，共有 13 个因子的特征值大于 1，因此本书适合提取 13 个公共因子进行指标体系构建。

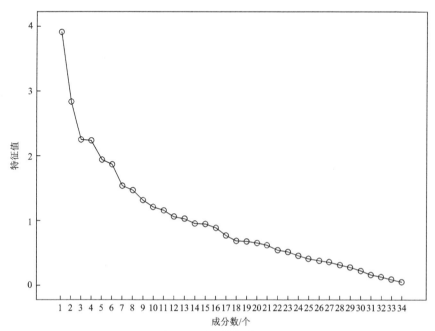

图 8-1　因子分析碎石图

四、因子得分系数矩阵

在确定公因子提取个数的基础之上，可以通过软件输出因子得分系数矩阵（表 8-6），并根据得分结果构建出因子得分表达式，具体如下：

$$F_1 = -0.008 \times 股权集中度 - 0.027 \times 股权制衡度 - 0.025 \times 机构投资者持股 + \cdots - 0.066 \times 聘请境外事务所$$

$$F_2 = 0.037 \times 股权集中度 + 0.038 \times 股权制衡度 + 0.020 \times 机构投资者持股 + \cdots + 0.047 \times 聘请境外事务所 \tag{8-1}$$

$$\cdots\cdots$$

$$F_{13} = 0.054 \times 股权集中度 - 0.052 \times 股权制衡度 - 0.191 \times 机构投资者持股 + \cdots + 0.052 \times 聘请境外事务所$$

表 8-6　因子得分系数矩阵

二级指标	成分												
	1	2	3	4	5	6	7	8	9	10	11	12	13
股权集中度	−0.008	0.037	0.031	−0.420	−0.024	−0.002	0.079	0.139	0.053	−0.021	−0.014	0.001	0.054
股权制衡度	−0.027	0.038	−0.015	0.438	0.043	0.063	0.067	0.001	0.045	0.031	0.109	0.009	−0.052
机构投资者持股	−0.025	0.020	−0.052	0.078	0.126	0.198	−0.469	0.021	−0.001	0.000	0.121	0.082	−0.191
股东大会召开情况	−0.013	0.008	−0.055	0.007	−0.067	0.423	0.019	0.050	0.060	−0.098	0.063	0.045	−0.082
股东参与决策程度	−0.009	0.036	−0.080	−0.041	0.102	0.142	0.143	0.237	0.034	0.059	0.039	0.013	−0.060
分红派现	0.005	0.023	0.031	0.070	0.131	0.101	0.466	−0.107	0.060	−0.004	−0.015	0.068	−0.112
董事会规模	0.009	−0.040	0.082	0.118	0.219	−0.022	−0.059	0.270	−0.075	−0.149	−0.028	0.074	0.073
董事会独立性	−0.012	0.025	0.000	0.058	0.086	0.014	0.109	−0.519	−0.033	−0.023	−0.069	0.074	−0.009
专业委员会设置情况	−0.059	0.089	0.142	−0.139	−0.003	0.115	−0.062	−0.044	−0.091	−0.502	0.231	−0.043	−0.087
董事会会议召开次数	0.010	−0.008	−0.016	0.023	0.025	0.494	−0.094	−0.008	−0.059	0.008	0.010	0.067	0.115
董事薪酬水平	−0.001	−0.051	0.300	0.006	0.004	0.023	−0.001	0.246	−0.094	0.295	−0.026	0.078	−0.076
董事持股情况	0.004	0.027	−0.062	−0.022	0.385	−0.016	0.139	−0.191	0.132	0.168	0.105	0.004	−0.228
监事会规模	−0.004	0.053	0.058	0.009	0.438	−0.026	−0.012	0.000	0.018	−0.020	−0.013	−0.071	0.128
监事会会议召开情况	−0.018	0.053	0.042	−0.025	−0.033	0.126	−0.039	0.005	0.112	0.097	−0.196	0.009	0.456
监事持股情况	0.048	−0.287	0.122	0.031	−0.086	0.040	0.035	−0.057	0.008	0.054	0.134	−0.070	−0.087
两职分离	0.013	0.039	0.183	0.196	−0.233	−0.037	0.207	0.265	0.044	−0.031	0.010	0.027	−0.146

二级指标	成分												
	1	2	3	4	5	6	7	8	9	10	11	12	13
内部人控制水平	−0.061	0.036	0.046	−0.132	0.034	−0.003	−0.076	−0.021	0.045	0.443	0.180	−0.013	0.003
高管薪酬水平	0.007	0.022	0.352	−0.032	−0.028	0.006	0.059	−0.009	−0.025	−0.021	−0.041	−0.048	0.001
高管股权激励	0.017	−0.341	0.022	−0.005	−0.034	0.035	−0.064	−0.006	0.039	0.039	0.037	−0.009	−0.026
信息披露	0.029	0.000	−0.027	−0.049	0.056	−0.021	0.042	−0.033	0.024	0.008	0.110	0.008	0.610
客户管理与权益保护	−0.012	−0.031	−0.012	0.056	0.018	0.030	−0.090	0.073	0.053	−0.017	0.586	−0.027	0.009
证券市场交易行为	0.016	−0.039	0.124	−0.113	−0.129	−0.078	0.073	0.027	0.174	−0.151	0.203	0.389	−0.046
承销与保荐	0.030	0.004	−0.050	0.084	0.060	0.162	0.020	−0.118	−0.185	0.136	−0.121	0.684	−0.008
其他	−0.066	0.063	−0.064	−0.055	−0.073	−0.173	−0.115	0.133	0.093	−0.056	0.006	0.325	0.098
全面风险管理体系	−0.014	−0.047	−0.023	0.012	0.062	0.003	0.061	0.020	0.601	0.063	0.019	−0.056	0.053
风险监控和资本补足	−0.065	0.196	0.014	0.049	−0.056	0.023	−0.099	0.005	0.294	0.040	0.074	−0.045	0.088
压力测试机制	−0.035	0.306	0.132	0.012	−0.004	0.028	0.015	−0.083	−0.088	−0.010	0.086	−0.040	−0.063
风险覆盖率	0.267	−0.020	−0.024	−0.023	−0.076	−0.014	−0.062	0.057	−0.119	0.032	0.060	0.006	0.071
资本杠杆率	0.245	0.028	−0.048	0.037	−0.010	0.052	0.137	−0.139	−0.154	0.096	0.057	−0.020	0.045
流动性覆盖率	0.287	−0.110	−0.012	−0.002	0.067	−0.034	0.024	0.053	0.180	−0.052	−0.140	0.022	−0.068
净稳定资金率	0.274	−0.097	−0.006	−0.026	0.057	−0.038	−0.055	0.096	0.129	−0.080	−0.131	0.018	−0.051
年报质量	0.207	0.045	−0.027	0.035	−0.034	0.062	0.073	−0.043	−0.139	0.034	0.332	−0.043	0.147
内部控制的对外披露	0.060	0.157	0.119	−0.089	0.091	0.060	−0.110	−0.065	−0.017	−0.068	−0.103	0.051	−0.109
聘请境外事务所	−0.066	0.047	0.369	0.006	0.049	−0.109	0.046	−0.045	0.078	−0.170	0.053	0.002	0.052

注：提取方法为主成分分析；旋转方法为最大方差法

五、评级结果

在构建出 13 个因子表达式的基础之上，可以计算每组样本的总体得分，将因子得分与其对应的方差贡献度相乘之后加总，得到上市券商公司治理总体评分 F，公式如下：

$$F = 9.071 \times F_1 + 7.976 \times F_2 + 6.443 \times F_3 + 5.984 \times F_4 + 5.597 \times F_5 + 5.143 \times F_6$$
$$+ 4.937 \times F_7 + 4.822 \times F_8 + 4.429 \times F_9 + 4.314 \times F_{10} + 3.894 \times F_{11} \quad (8\text{-}2)$$
$$+ 3.863 \times F_{12} + 3.624 \times F_{13}$$

　　表 8-7 展示了根据总体评分 F，2010 年至 2019 年上市券商的等级评定结果。2010 年以前，上市券商样本数据较少，且时间较为久远，故仅做简要介绍，不再统一呈现。根据指标体系结果，2007 年至 2009 年上市券商公司治理得分最高的券商均为海通证券，排名靠前的券商还有国元证券、长江证券和东北证券。

表 8-7　2010 年至 2019 年上市券商公司治理等级评定

排序	2010年	2011年	2012年	2013年	2014年	2015年	2016年	2017年	2018年	2019年
1	山西证券 A	广发证券 A	招商证券 A	广发证券 A	国信证券 A	国泰君安	第一创业	招商证券 A	长城证券 A	招商证券 A
2	广发证券 A	山西证券 A	广发证券 A	山西证券 A	招商证券 A	招商证券 A	长江证券 A	第一创业	中信建投 A	天风证券 A
3	东北证券 A	海通证券 A	国元证券 A	招商证券 A	广发证券 A	长江证券 A	招商证券 A	长江证券 A	长江证券 A	申万宏源 A
4	国元证券 B	招商证券 A	西部证券 A	西部证券 A	山西证券 A	广发证券 A	广发证券 A	广发证券 A	第一创业	国泰君安 A
5	海通证券 B	东北证券 B	海通证券 B	长江证券 B	西部证券 B	申万宏源 B	山西证券 B	东方证券 A	招商证券 A	长江证券 A
6	长江证券 B	国元证券 B	山西证券 B	华泰证券 B	国元证券 B	山西证券 B	东方证券 B	光大证券 A	华西证券 A	中信建投 A
7	光大证券 C	兴业证券 B	东北证券 B	海通证券 B	光大证券 B	海通证券 B	西部证券 B	国泰君安 B	广发证券 B	东方证券 A
8	太平洋证券 C	光大证券 C	长江证券 B	东北证券 B	西南证券 B	光大证券 B	国泰君安 B	中国银河 B	国泰君安 B	中原证券 B
9	西南证券 C	太平洋证券 C	光大证券 C	国元证券 C	华泰证券 C	东北证券 B	东北证券 B	兴业证券 B	中原证券 B	红塔证券 B
10	国金证券 D	中信证券 C	西南证券 C	兴业证券 C	兴业证券 C	东方证券 B	兴业证券 B	海通证券 B	兴业证券 B	中国银河 B
11	华泰证券 D	长江证券 D	国金证券 C	国金证券 C	东北证券 C	国金证券 C	国金证券 C	东北证券 B	光大证券 B	第一创业
12	招商证券 E	国金证券 D	中信证券 C	中信证券 C	国金证券 C	西部证券 C	方正证券 C	中原证券 B	申万宏源 B	中信证券 B
13	中信证券 E	西南证券 D	国海证券 D	西南证券 D	长江证券 D	国元证券 C	华泰证券 C	山西证券 C	东方证券 C	华泰证券 B
14		方正证券 E	兴业证券 D	国海证券 D	海通证券 D	中信证券 C	申万宏源 C	国金证券 C	山西证券 C	方正证券 B
15		国海证券 E	太平洋证券 D	光大证券 D	中信证券 D	方正证券 C	国元证券 C	国元证券 C	中国银河 C	华西证券 C
16		华泰证券 E	华泰证券 E	太平洋证券 E	国海证券 D	国信证券 D	光大证券 D	中信证券 C	中信证券 C	兴业证券 C
17			方正证券 E	方正证券 E	太平洋证券 E	兴业证券 D	海通证券 D	国信证券 D	国元证券 C	广发证券 C
18			东吴证券 E	东吴证券 E	东吴证券 E	华泰证券 D	中信证券 D	西部证券 C	海通证券 C	国元证券 C

续表

排序	2010年	2011年	2012年	2013年	2014年	2015年	2016年	2017年	2018年	2019年
19					方正证券E	东吴证券D	国信证券D	华泰证券D	华安证券C	海通证券C
20						西南证券E	国海证券D	方正证券D	国金证券C	东北证券C
21					太平洋证券E	东吴证券E	华安证券D	东北证券D		长城证券C
22					国海证券E	西南证券E	浙商证券D	华泰证券D		国信证券D
23					东兴证券E	太平洋证券E	东兴证券D	浙商证券D		东兴证券D
24						东兴证券E	西南证券E	南京证券D		国金证券D
25							太平洋证券E	国信证券D		西部证券D
26							东吴证券E	方正证券D		南京证券D
27							申万宏源E	财通证券E		华林证券D
28							国海证券E	东兴证券E		山西证券D
29								西部证券E		光大证券E
30								东吴证券E		浙商证券E
31								西南证券E		财通证券E
32								太平洋证券E		西南证券E
33										太平洋证券E
34										华安证券E
35										东吴证券E

　　表 8-8 和表 8-9 分别统计了 2010 年至 2019 年上市券商公司治理等级为 A 级和 A、B 两级的样本分布情况。由表 8-8 可知，248 个上市券商样本中有 49 个样本被评定为 A 级。其中，广发证券和招商证券获得 A 评级次数最多，在 10 年间有 9 年被评定为 A 级。2010 年招商证券评级为 E，2019 年广发证券评级为 C。招商证券于 2009 年 11 月上市，初期公司治理存在完善空间，因此在 2010 年总体评

定时等级略低。2010 年后，其公司治理水平一直维持在行业内较高水平。广发证券的等级评定则相对稳定。除上述两家券商外，山西证券、长江证券和第一创业获得 A 级评定结果的频率最高，且山西证券早期等级评定较高，长江证券和第一创业 2015～2019 年等级评定结果更为出色。

表 8-8　2010 年至 2019 年上市券商公司治理 A 级评定统计

证券公司名称	评定次数	频率	证券公司名称	评定次数	频率
广发证券	9	18.37%	中信建投	2	4.08%
招商证券	9	18.37%	东北证券	1	2.04%
山西证券	5	10.20%	光大证券	1	2.04%
长江证券	5	10.20%	国信证券	1	2.04%
第一创业	3	6.12%	国元证券	1	2.04%
东方证券	2	4.08%	海通证券	1	2.04%
国泰君安	2	4.08%	华西证券	1	2.04%
申万宏源	2	4.08%	天风证券	1	2.04%
西部证券	2	4.08%	长城证券	1	2.04%

表 8-9　2010 年至 2019 年上市券商公司治理 A 级与 B 级评定统计

证券公司名称	评定次数	频率	证券公司名称	评定次数	频率
广发证券	9	9.28%	申万宏源	3	3.09%
招商证券	9	9.28%	中原证券	3	3.09%
山西证券	8	8.25%	华泰证券	2	2.06%
长江证券	8	8.25%	中国银河	2	2.06%
东北证券	7	7.22%	中信建投	2	2.06%
海通证券	6	6.19%	方正证券	1	1.03%
东方证券	5	5.15%	国信证券	1	1.03%
国泰君安	5	5.15%	红塔证券	1	1.03%
第一创业	4	4.12%	华西证券	1	1.03%
光大证券	4	4.12%	天风证券	1	1.03%
国元证券	4	4.12%	西南证券	1	1.03%
西部证券	4	4.12%	长城证券	1	1.03%
兴业证券	4	4.12%	中信证券	1	1.03%

　　由表 8-9 可知,在 2010 年至 2019 年,共有 97 个上市券商样本获得 B 级及以上评级,约占样本总数的 40%。在 10 年间,获得 5 次以上 B 级及以上评级的券商共有广发证券、招商证券、山西证券、长江证券、东北证券、海通证券、东方证券和国泰君安 8 家,其公司治理效果在行业内总体而言较为突出。除此之外,第一创业和中原证券自上市以来,均获得了较高评级,在一定程度上说明其公司治理结构较为完善。

　　从总体趋势来看,2015 年至 2019 年 5 年的上市券商年度平均分高于 2010 年至 2014 年 5 年的上市券商年度平均分,二者对应数值分别为 1.83 和 0.45。由此可见,我国上市券商的公司治理水平在近几年间有明显提升,这与我国证券市场改革深化密切相关。随着我国证券市场制度体系的不断完善和券商公司治理责任意识的不断提升,未来的证券市场将更趋于规范化。届时,金融市场将具备更强大的资本融通能力以支持实体经济健康有序发展。

第三节　基于实证结果的券商公司治理建议

　　本章第二节展示了我国券商公司治理评价指标体系的实证应用结果,本节将基于以上分析结果,对提高我国上市券商公司治理水平提出针对性建议,帮助证券公司做专做强、做优做精,提高证券公司助力资本市场健康发展、服务实体经济的能力。

　　第一,优化股权结构,切实保障股东权益。

　　从统计数据来看,我国上市券商第一大股东持股比例自 2006 年以来保持相对稳定且略有下降,机构投资者持股比例总体呈上升趋势;股东参与决策的水平先降后升,分红派现水平总体较低。证券公司应当结合时代特点、行业格局和公司自身发展需要,通过更加科学、灵活的股权结构安排,避免股权结构失衡、大股东控制等问题的出现,引导具有长期投资理念和战略发展意义的优质股东进入,推动股东多元化、均衡化。同时,公司应当注重保障中小股东了解和参与公司重大决策的权利,切实维护好中小股东的合法利益。

　　第二,优化薪酬结构,积极探索多样化激励机制。

　　从统计数据来看,我国上市券商管理人员薪酬结构中以现金薪酬为主,平均持股比例不足 0.1%。中长期激励是减少委托代理成本的重要方式,以股权激励为代表的中长期激励机制可以促使经理人与股东的利益目标趋于一致,帮助委托方和代理方实现利益共享、风险共担,提升公司对优质人才的吸引力和对关键人才的保留能力，实现公司更长远的发展。因此，优化薪酬结构对完善公司治理和塑造健康的绩效文化都有着重要而深远的意义。证券公司应当优化薪酬结构，积极探索长期与短期相结合，现金、股权和福利等相结合的多元化、多层次激励体系，提高员工薪酬的市场化程度，建立起有效的中长期激励机制，吸引和保留优秀人才，促进公司持续健康发展。可采用的薪酬激励内容包括员工持股计划、限制性股票、股票期权等权益类工具，超额利润分享、业绩单元、业绩奖金、岗位分红、项目收益分红等现金类工具，补充养老保险、补充医疗保险、企业年金、弹性福利、团体保险、教育培训补助等福利类工具。

第三，提升证券公司全面风险管理水平。

从实证结果来看，风险管理指标在公共因子1和公共因子2上具有较大的负荷，可见提高券商风险管理水平对于提高其公司治理能力具有很大正向影响。风险管理能力是证券公司的核心竞争力，证券公司应努力提升自身全面风险管理水平，积极适应风险管理的新监管要求，构建与自身发展战略需要相适应的全面风险管理体系，并将所有子公司及比照子公司管理的各类孙公司纳入全面风险管理体系，持续提升金融风险管理水平。

第四，积极培育合规文化，提升合规管理体系有效性。

从实证结果来看，合规管理指标在公共因子11、12和13上具有较大的负荷，并且从变量共同度的计算结果来看，5项合规管理指标中只有"承销和保荐"一项具有0.7以上的共同方差，其余4项有部分的信息丢失，对于公司治理综合得分的影响较小，这可能与本书以违规情况作为券商合规管理的代理变量的方式比较粗糙有关。合规经营是金融业持续发展的可靠途径。证券公司应当重视合规文化建设，在依法合规经营的同时，持续推进合规文化建设和合规管理。经过多年的发展，我国券商基本构建起有效的合规管理体系，但是近年来中国证监会对券商"代客炒股"、营业部合规缺陷等问题开出罚单也表明我国券商的合规体系建设仍有进一步提升的空间。证券公司必须深刻地认识到合规对于防范化解重大风险的重要性，时刻坚守金融业合规经营原则，通过大力引进专业人才，强化合规管理部门独立性、专业性及执行力度，建立和完善各层级全覆盖的合规管理体系，大力塑造公司合规文化和合规氛围，夯实各级管理人员的合规责任，确保各项合规制度落实到位，提升公司合规管理能力。

第五，重视金融科技应用，形成创新驱动发展新格局。

在互联网技术高度融合于日常生活的当下，大力发展金融科技成为紧跟时代发展趋势、提升行业竞争力的重要战略布局。证券公司在业务运营中需要主动适应发展更多依靠创新、创造、创意的大趋势，将大数据、云计算、人工智能等前沿技术应用在金融行业中，通过科技手段提升自身的业务能力、客户服务能力和内部管理水平，为国家创新驱动发展战略的顺利实施提供更加多样化的金融工具和服务支持。同时，推进业务、风控、金融科技三者的高度融合，使科技成为推动组织变革、业务变革、管理变革、服务变革的重要驱动力。

第九章　加强我国证券市场健康发展的有效建议

第一节　针对券商完善公司治理的有效建议

证券市场上违规行为的频繁发生反映出券商在公司治理层面存在不足，完善券商公司治理，需从多角度入手进行全方位改进。

一、明晰组织机构设置，高效履职

（一）加强券商股东治理，优化券商股权结构

我国券商多为国有控股或参股，少部分券商第一大股东为境内法人股东，这与我国社会主义市场经济体制和证券市场内在发展要求密切相关。国有资本的介入能够有效稳定证券市场交易秩序，促进证券市场健康发展，更好地顺应宏观经济发展趋势，发挥金融服务实体经济的作用。

完善股东治理，股权适度集中十分必要。过于分散化的股权结构不利于券商日常经营决策效率的提升，而过于集中化的股权结构容易导致小股东利益受损、内部徇私舞弊等情况的发生。券商股权的集中程度要满足科学民主的实际需要，防止一股权力过大"独裁专断"的弊端出现。券商的股东治理应注重将股权结构保持在最优状态，并在最大限度内规避股权风险。此外，股权制衡也是股东治理的重要内容，体现着各大股东之间牵制平衡的关系。券商参股股东可以引入多样化主体，如机构投资者和民营企业，不再局限于国有股东。如此一来，不仅能够为券商注入新鲜力量，更为有效地激发自身活力，还能够充分调动各参股主体的积极性，从而优化券商股权结构，促进其健康长久运行。在国有资本与民营资本注入券商共同发展的过程中，需时时进行有效监管，使国有资本不被侵蚀，实现保值增值，以期未来更为深度地融合发展，共同促进券商股东治理的升级改善。

（二）完善董事会组织结构，提升决策科学性

董事会治理在公司内部治理中举足轻重，董事会职权的行使范围涉及经营计

划和投资方案的决定、财务预决算方案的制订、内部管理机构设置的决定等诸多方面。董事会决策的施行会直接关系到业务经营状况和财务绩效表现。由此可见，董事会对企业未来战略方向和发展走向有着重要影响，其组织架构是否科学合理对于券商公司治理有着重要意义。

在进行董事会治理的过程中，需保持其高度的独立性，使之能够在决策时不受其他利益相关方干扰。提升董事会的独立性主要依靠两种途径：第一，改变董事长和总经理两职合一的状况；第二，提升独立董事比例与专业素质。一人不同时担任董事长和总经理两职是为了避免其因职位谋私而影响决策选择的情况发生，能够保证决策的独立性和科学性，从而为券商自身创造出更大价值。独立董事在券商内部仅担任董事一职，依靠自身专业知识和实务经验对企业事务做出独立判断，不从事其他与业务相关的工作，不与经营管理人员保持重要联系。一方面，独立董事的存在为决策结果提供专业保障，并加强董事会整体的独立性；另一方面，各位独立董事可能来自不同性质企业，有着不同社会背景和工作经历，加之，未能深入内部进行业务实操，其决策判断可能产生分歧。基于此，在选聘独立董事时，要综合考量，科学选聘，既要保证彼此差异性，以提供不同角度决策参考，又要尽可能选聘综合人才进行全局思维。此外，券商可以根据内部治理需求，设置战略委员会、提名委员会、薪酬与考核委员会、审计委员会、风险管理委员会、关联交易委员会等。

（三）强化监事会监督管理职能，完善选聘流程

监事会是企业法定必设和常设机构，对企业业务活动进行监督和检查。监事会职权的行使更为日常化，涉及对人员、对流程的各项合规检查，是企业实施内部监督的主要机构。监事会包括代表股东和职工利益的人员及具有专业技能的人员，企业在监事会成员构成和选聘方面有着较强的自主权和灵活性，且监事会成员部分来自内部，在行使职权时难免受到利益牵制，致使监督管理职能履行不到位。

券商违规行为的发生，与监事会职责履行不到位密切相关。完善监事会治理，不仅需要明确监事选任流程、规定监事权责范围，还需进一步提升监事会成员的独立性，可参照董事会制度引入独立监事，切断业务人员与监督人员之间的经济利益联系，从而使其更为有效地行使职权。

二、健全激励约束制度，构建完整评价体系

在企业内部，制度体系的建立健全属于顶层设计层面。以制度为遵循，方能

有所依凭，不偏不倚。激励机制对于企业而言是至关重要的，能够充分调动员工积极性，使之为企业创造价值。目前，我国券商普遍以薪酬激励为主，缺乏股权激励等长效激励方式。激励机制的设计要注重多样化，尤其是长效激励计划的实施。长效激励计划的优点在于能够帮助被激励对象和企业结成利益共同体，从而使二者目标协调统一，共同为企业价值提升努力。

约束机制的建立健全主要针对于券商的高管，他们拥有一定的职权，处于一定的领导地位。出于对股东利益的保护，需要在不影响管理者行使合理职权的前提下，建立一套完整的约束机制，以限制其滥用职权牟取私利。

券商可针对不同层级的人员构建完整的评价体系，并辅以明确的奖惩制度，做到公开、公平、公正，营造良好的工作氛围，打造良性竞争的环境，促进员工成长。

三、加强业务流程合规管理，避免违规行为

券商加强合规管理旨在通过标准化的合规运行机制减少违规行为，促进券商谨慎经营，这对于证券行业平稳健康发展有着重要意义。中国证券业协会报告指出随着全球经济、行业环境和监管要求的变化，券商在落实合规管理工作具体实施方面也面临着一些问题：一是全员合规、主动合规的意识有待进一步强化；二是合规管理全覆盖有待深入落实；三是合规管理人员储备不足，履职保障有待提升；四是合规管理执行力有待提高，合规管理职责边界不清晰①。

券商加强合规管理应紧抓一线业务人员，不仅要提升其合规管理意识，更要聚焦实务，落实合规流程。证券行业蓬勃发展，券商分支机构、子公司数量不断攀升，因合规管理不到位，分支机构、子公司业务违规的情况时有发生，如何将其纳入系统的合规管理范围是券商亟待解决的难题。券商在统筹地方机构、子公司进行合规管理时，既要遵循统一的标准化管理思路，又要兼顾到地方发展实际，根据不同的监管要求设定合理的机制。券商应注重培养合规管理人才，并确定其职责范围，提升合规管理水平和效率。

四、健全风险管理体系，增强抵御风险能力

券商在日常业务经营中不可避免地面临着多种风险，如操作风险、流动性风险、信用风险、管理风险等。券商能够有效应对各种风险的前提是对各项业务开

---

① 资料来源：中国证券业协会《中国证券业发展报告 2020》。

展过程中现有风险的合理控制和对潜在风险的及时识别，并且通过准确的评估预计风险影响程度及可能发生的损失。在此基础之上，针对不同业务特性适量计提风险资本准备，将各项业务风险独立隔离开来，保证在风险发生时能够灵活反应、快速化解。

券商抵御风险能力的提升有赖于其风险管理体系的完善与健全。在实务操作中，券商应根据自身发展战略与发展方向制定风险管理目标，并据此建立风险组织管理架构，充分发挥董事会、监事会和高管的作用，负责决策、监督和执行的各项事宜。券商需设置独立的风险管理委员会，负责日常风险管理工作推进及风险管理系统的维护。风险管理的实现需依托现代信息技术，因此专业人员配备尤为重要。如此一来，才能够实现对业务部门和业务流程风险的实时监控、动态监控。

券商风险管理水平的提升需要所有业务人员风险意识的增强。业务人员在实务操作中的工作处理方式直接关系到券商整体风险管理效果及业绩成果，因此业务人员的风险意识必须过关。券商需加强对一线业务人员风险意识的培养，将落实风险管理上升到企业文化的高度，使每位员工都能自觉遵守并高度认同风险管理规范，从而降低风险发生的可能性。

五、提升信息披露质量，公开透明

信息披露是外界了解券商经营水平及内部控制情况的重要途径，券商需定时披露季度报告、中期报告、年度报告及内部控制信息报告等。对于券商而言，及时披露相关报告是基本要求，而提高信息披露质量是更为高层次的标准。券商可以主动公开内部控制信息等重要内容，这能够有效降低内外部信息不对称程度，提升外部信息使用者对券商的信任度，从而树立良好的企业形象。自然，券商要形成完善的内控体系，确保无疏漏，才能真正实现内部控制的预期效果，为自身发展创造有利条件。

第二节　针对证券市场中完善券商监管的有效建议

证券市场中券商监管的完善属于券商外部公司治理的范畴。完善券商监管离不开外部监管体制机制的优化，同样也离不开证券市场中各主体职能的发挥。证券市场中法定具备监督管理职能的机构是中国证监会及其派出机构，其监督管理职责的履行覆盖券商业务开展的全流程，并能够有效落实证券市场风险防控，促进投资者教育。除此之外，我国证券市场的自律管理机构在规范行业秩序、维持公平交易等多方面有着重要促进作用。基于此，本节提出如下建议，以期为完善券商监管提供思路。

一是不断完善证券市场法律法规，为依法监管的落实提供法律依据。我国始终坚持依法治国、依法治市，注重法治思维和法治理念于社会实践领域的应用。《证券法》是我国证券市场中影响最为深远、意义最为重大的一部法律，为我国证券市场治理提供了坚实的法律保障。除《证券法》之外，各种部门规章及监管机构和行业自律组织制定的规范性文件等均是证券市场法律体系的重要组成部分。随着社会主义现代化经济的不断深入发展，经济社会对于证券市场的现实需求和功能发挥亦有所改变，建立健全多层次资本市场成为社会各界关注的重点课题。不难发现，当今社会金融市场与实体经济的联系愈加紧密，实体经济的壮大需要资本的支撑，金融市场的盘活有赖于产业状况。由此一来，防范系统性金融风险的集聚和爆发成为证券市场秩序稳定和国民经济健康运行的关键，这呼吁更为完善的制度机制和更为严密的监管体系。现有法律制度未必能够完全解决未来出现的现实问题，因此法规的适时调整和及时更新十分必要。在既有法律体系的框架基础之上，需重点关注券商创新业务兴起后监管的法律盲点，并加以补充，为证券市场营造良好的法治氛围。

二是充分发挥中国证监会对证券市场的监管职能，把握重要任务，切实履行职责。证券市场发展至今，由中国证监会进行集中监管的局面已然形成，中国证监会成为证券市场外部监管的核心及主导力量。中国证监会有权制定、修改和废止行业内业务管理办法、监督管理办法、信息披露管理办法等，并通过发布证监会令实施生效，规范行业制度。中国证监会对于券商的监管不仅仅基于业务层面，对于信息披露、合规管理、投资者保护等诸多方面都有明确要求。近几年来，券商违规行为的类型相较于之前有着较大变化，多集中于公司治理与合规管理，虚假记载、重大遗漏、客户管理与权益维护方面，违规买卖证券的行为得到了较好的控制。违规类型的演变一方面说明了针对以往高频次发生的违规行为所进行的治理颇有成效，另一方面也提示着加强对于现有违规行为治理和券商经营运作监管的紧迫性。中国证监会需不断完善监管措施，事前识别风险因素，做到积极防控，落实监管举措。

三是重视中国证券业协会会员的自律管理。中国证券业协会是依法设立的证券业自律性组织，主要围绕行业自律管理、反映行业意见建议、改善行业发展环境等开展工作，履行"自律、服务、传导"三大职能。制定证券业执业标准和业务规范，对会员及其从业人员进行自律管理是其职责所在，对券商进行监管、净化行业环境，中国证券业协会也责无旁贷。与中国证监会不同，中国证券业协会更多依靠行业共识进行自律管理以约束会员。中国证券业协会可以凭借自身在行业内的影响力和认可度,提升对从业人员的职业素质要求,着重培养其规则意识,并且重点关注业内频繁出现公司治理违规的券商,加强日常监管,促进沟通交流,改善券商公司治理方面的不足。

券商外部监管不仅仅依靠系统而严密的法律制度体系,更需要依靠监管机构和行业自律组织的执行和落实。券商外部监管的完善非一日之功,需在实践中不断探索与发现、不断改进与优化方能实现。

第三节　对于加强券商公司治理的研究展望

本书着眼于证券市场中券商存在的主要违规行为,结合券商业务经营的特殊性从公司治理层面分析影响因素,并运用因子分析法建立完整而系统的量化评价体系实现对券商公司治理效果的评估,为客观评价券商公司治理水平提供了思路启示和方法遵循,但本书在细节方面可能存在些许不足。

一是样本数据不足。本书评价体系的构建是基于 2006 年至 2019 年上市券商公司治理的公开数据,由于非上市券商内部信息获取渠道不畅、方式受限、数据收集难度大,未能实现对国内所有券商公司治理情况的覆盖,分析结论具有参考价值但代表性欠佳。在这种情况下,指标体系中各指标的权重可能会与实际权重存在一定误差,致使券商公司治理评价结果并不完全准确。

二是指标体系具备完善空间。为全面构建券商公司治理的评价体系、衡量券商经营运行的风险水平,本书共选取了 7 个一级指标、34 个二级指标,其中一级指标包括股东、董事会、监事会、经理层、合规管理、风险管理和信息披露。现有指标体系中的二级指标是相对典型且具有重要意义的,为丰富评价体系指标,可以适当添加一些联系密切的指标,如董事长是否来自大股东单位、是否采用公开透明的选聘制度等。此外,随着证券市场的改革深化及券商业务的发展创新,券商公司治理的侧重点也面临变化,所以公司治理评价体系的指标也需逐步应时而变,以适应未来时代发展要求。

三是评分计算较为单一。本书在计算各券商公司治理总体得分时,权数采用的是因子分析法计算出的因子权重,并以最终排名结果划分券商公司治理评价等级。目前,国内外公司治理评价指数构建普遍采用的方法还有专家评分法、层次分析法、主成分分析法等。由于数据结构和技术问题,本书未能通过多种方法建立不同的评分体系并进行输出对比。就此而言,评价体系的有效性有待检验。

　　四是评价思路仍可变换。本书从 34 个二级指标入手，针对面板数据进行因子分析。在实际操作时，若指标设置数量增多，则可针对不同类别指标分别进行因子分析并构建相关评价体系，如股东治理评价体系、董事会治理评价体系、监事会治理评价体系、经理层治理评价体系等，最后综合各项得分反映出券商总体公司治理水平高低。

　　以上四点内容，本书作者会在日后研究过程中重点关注推进并且不断深入挖掘，力求券商公司治理评价体系完善准确。除此以外，在未来券商公司治理的研究过程中，还需时刻关注公司治理的前沿研究方向。近几年来，券商数字治理成为社会各界关注的热点话题。数字治理于证券行业的应用十分必要，券商数字治理水平的提升，有助于规避风险，促进合规监管，从而提升券商风险管理水平。目前，券商数字治理尚未完全推广开来，是否将其纳入券商公司治理评价也暂无定论，仍需根据未来发展趋势来评估确定。

参 考 文 献

陈共炎. 2004. 内部控制与证券公司治理[J]. 证券市场导报，（10）：13-18.

陈庆，等. 2007. 中国国有企业董事会治理指南[M]. 北京：机械工业出版社.

陈昕，林晓璇. 2013. 上市券商公司治理结构特征与经营绩效关系的实证研究——基于盈利性与抗风险性视角[J]. 中国注册会计师，（5）：58-65.

陈信元，黄俊. 2007. 政府干预、多元化经营与公司业绩[J]. 管理世界，（1）：92-97.

陈毅. 2014. 我国证券公司治理绩效的因子分析[J]. 财经理论与实践，35（5）：46-50.

陈兆松. 2007. 我国证券公司治理结构：国际比较与优化策略[J]. 西南金融，（12）：56-57.

程华. 2005. 我国民营券商的公司治理问题探讨[J]. 金融理论与实践，（11）：71-73.

楚永生. 2004. "单边治理"与"共同治理"理论之比较与启示[J]. 江苏社会科学，（5）：94-98.

邓文剑. 2008. 中国保险公司治理评价体系研究[D]. 长沙：湖南大学.

丁忠明，黄华继. 2013. 证券投资学[M]. 2 版. 北京：高等教育出版社.

杜莹，刘立国. 2002. 中国上市公司债权治理效率的实证分析[J]. 证券市场导报，（12）：66-69.

杜运潮，王任祥，徐凤菊. 2016. 国有控股上市公司的治理能力评价体系——混合所有制改革背景下的研究[J]. 经济管理，38（11）：11-25.

方竹兰. 1997. 人力资本所有者拥有企业所有权是一个趋势——兼与张维迎博士商榷[J]. 经济研究，（6）：36-40.

冯根福，丁国荣. 2011. 中国证券公司内部治理影响公司经营效率的实证分析[J]. 财经理论与实践，32（1）：30-36.

冯蕾. 2017. 企业社会责任视角下的公司治理评价研究[D]. 西安：陕西师范大学.

冯琳. 2018. 中国股票发行市场 IPO 定价问题研究[D]. 北京：中央财经大学.

高雷，宋顺林. 2007. 治理环境、治理结构与代理成本——来自国有上市公司面板数据的经验证据[J]. 经济评论，（3）：35-40.

高明华，苏然，方芳. 2014. 中国上市公司董事会治理评价及有效性检验[J]. 经济学动态，（2）：24-35.

高西庆. 2002. 论证券监管权——中国证券监管权的依法行使及其机制性制约[J]. 中国法学，（5）：3-13.

海通证券研究所上市公司治理评价项目组. 2002. 上市公司治理评价体系及其应用[J]. 证券市场导报，（10）：4-9.

何红渠. 2003. 中国上市公司治理评价研究[D]. 长沙：中南大学.

胡洁，胡颖. 2006. 上市公司股权结构与公司绩效关系的实证分析[J]. 管理世界，（3）：142-143.

胡坤，孟庆跃，胡少霞. 2007. 利益相关者理论及在卫生领域中的应用[J]. 医学与哲学（人文社
　　会医学版），（2）：17-19，23.

胡强. 2006. 我国券商治理风险及对策[J]. 证券市场导报，（1）：58-62.

黄少安. 2003. 公司治理与共同治理理论评析[J]. 山东社会科学，（3）：12-14.

黄运成，李畅. 2004. 我国证券公司治理缺陷的根源及其出路[J]. 证券市场导报，（10）：10-13.

蒋大兴. 2014. 隐退中的"权力型"证监会——注册制改革与证券监管权之重整[J]. 法学评论，
　　32（2）：39-53.

金登贵. 2005. 证券公司治理结构与风险防范研究[J]. 企业经济，（2）：189-190.

赖明勇，王国海. 2005. 开放经济条件下中国证券公司治理的政策建议[J]. 经济界，（3）：48-53.

李军. 2010. 国有控股商业银行公司治理评价研究[J]. 财务与会计，（2）：33-34.

李维安. 2012. 中国上市公司治理评价[J]. 中国金融，（12）：41-43.

李维安. 2016. 公司治理学[M]. 3 版. 北京：高等教育出版社.

李维安，等. 2001. 公司治理[M]. 天津：南开大学出版社.

李维安，戴文涛. 2013. 公司治理、内部控制、风险管理的关系框架——基于战略管理视角[J]. 审
　　计与经济研究，28（4）：3-12.

李维安，郝臣. 2006. 中国上市公司监事会治理评价实证研究[J]. 上海财经大学学报，（3）：78-84.

李维安，郝臣，崔光耀，等. 2019. 公司治理研究 40 年：脉络与展望[J]. 外国经济与管理，41（12）：
　　161-185.

李维安，李滨. 2008. 机构投资者介入公司治理效果的实证研究——基于 CCGI[NK] 的经验研究[J].
　　南开管理评论，（1）：4-14.

李维安，牛建波. 2004. 中国上市公司经理层治理评价与实证研究[J]. 中国工业经济，（9）：57-64.

李维安，王世权. 2005. 中国上市公司监事会治理绩效评价与实证研究[J]. 南开管理评论，（1）：
　　4-9.

李维安，王世权. 2007. 利益相关者治理理论研究脉络及其进展探析[J]. 外国经济与管理，（4）：
　　10-17.

李维安，徐业坤，宋文洋. 2011. 公司治理评价研究前沿探析[J]. 外国经济与管理，33（8）：57-65.

李维安，张国萍. 2005. 经理层治理评价指数与相关绩效的实证研究——基于中国上市公司治
　　理评价的研究[J]. 经济研究，（11）：87-98.

厉以宁. 2018. 厉以宁：中国股份制改革的历史逻辑[EB/OL]. http://capital.people.cn/n1/2018/
　　0718/c405954-30154017.html[2020-10-16].

林楠. 2004. 中国证券公司的法人治理结构缺陷及创新研究[J]. 经济体制改革，（1）：136-138.

刘春华. 2007. 中国证券公司治理探讨[D]. 成都：西南财经大学.

刘慧兰. 2020. 我国股票市场的投资者状况[J]. 中国金融，（9）：40-42.

刘名旭. 2007. 监事会、公司治理与公司绩效——基于民营上市公司的研究[J]. 华东经济管理, （10）：95-98.

刘伟，姚明安. 2009. 股权制衡、法律保护与股改对价[J]. 南方经济，（10）：49-58.

鲁桐，孔杰. 2005. 2004年中国上市公司100强公司治理评价[J]. 国际经济评论，（3）：37-43.

陆雄文. 2013. 管理学大辞典[M]. 上海：上海辞书出版社.

马洪雨. 2008. 论政府证券监管权[D]. 重庆：西南政法大学.

南开大学公司治理研究中心课题组. 2003. 中国上市公司治理评价系统研究[J]. 南开管理评论，（3）：4-12.

聂华. 2012. 我国证券公司的治理缺陷及完善路径探析[J]. 企业经济，31（6）：160-162.

裴武威. 2001. 公司治理评价体系研究[J]. 证券市场导报，（9）：4-15.

彭建华，李学辉. 2014. 双刃之剑：证券内幕交易民事赔偿诉讼的探究与规制——从光大证券"乌龙指"事件出发[J]. 法治论坛，（4）：118-138.

齐岳，刘彤阳，郭怡群. 2018. 股市剧烈波动中券商违规事件公司治理研究[J]. 财会通讯，（11）：63-67，129.

齐岳，张喻姝，张雨. 2018. 针对上市公司频繁违规的"多位一体"股票市场综合治理体系研究——以"长生生物"事件为警示[J]. 未来与发展，42（12）：58-63.

齐岳，赵晨辉，李晓琳，等. 2020. 基于责任投资的ESG理念QDⅡ基金的构建及绩效检测研究[J]. 投资研究，39（4）：42-52.

齐岳，周艺丹，张雨. 2020. 公司治理水平对股票资产定价的影响研究——基于扩展的Fama-French三因子模型实证分析[J]. 工业技术经济，39（4）：113-122.

钱颖一. 1995. 企业的治理结构改革和融资结构改革[J]. 经济研究，（1）：20-29.

青木昌彦，钱颖一. 1995. 转轨经济中的公司治理结构[M]. 北京：中国经济出版社.

卿石松. 2008. 监事会特征与公司绩效关系实证分析[J]. 首都经济贸易大学学报，（3）：51-55.

饶杰. 2008. 试论我国证券公司治理结构的缺陷与完善[J]. 企业经济，（1）：175-177.

沙浩. 2011. 证券公司治理机制对其市场风险与效率的影响[J]. 金融与经济，（4）：59-61.

尚春霞. 2002. 我国公司监督机制的法律问题研究[D]. 北京：中国政法大学.

尚福林. 2020. 尚福林：发展资本市场是一项战略任务[EB/OL]. http://www.xinhuanet.com/fortune/2020-12/15/c_1126860839.htm[2020-12-16].

沈艺峰，肖珉，黄娟娟. 2005. 中小投资者法律保护与公司权益资本成本[J]. 经济研究，（6）：115-124.

施东晖. 2003. 转轨经济中的所有权与竞争：来自中国上市公司的经验证据[J]. 经济研究，（8）：46-54，92.

施东晖，司徒大年. 2003. 值得企业家关注的公司治理评价体系[J]. 国际经济评论，（3）：53-56.

石水平，林斌. 2007. 上市公司监事会特征及其经营绩效实证分析[J]. 贵州财经学院学报，（4）：73-76.

宋常, 黄蕾, 钟震. 2008. 产品市场竞争、董事会结构与公司绩效——基于中国上市公司的实证分析[J]. 审计研究, (5): 55-60.

宋晓明. 2006. 人民法院对证券侵权民事责任的认定及处理[J]. 人民司法, (1): 36-38.

宋玉. 2009. 最终控制人性质、两权分离度与机构投资者持股——兼论不同类型机构投资者的差异[J]. 南开管理评论, 12 (5): 55-64.

孙兆斌. 2006. 股权集中、股权制衡与上市公司的技术效率[J]. 管理世界, (7): 115-124.

汤海溶, 彭飞. 2008. 我国券商综合治理及重组模式分析[J]. 当代经济管理, (7): 26-29.

唐跃军, 程新生. 2005. 信息披露机制评价、信息披露指数与企业业绩——基于931家上市公司的调查[J]. 管理评论, (10): 8-15, 33-63.

万华林, 陈信元. 2010. 治理环境、企业寻租与交易成本——基于中国上市公司非生产性支出的经验证据[J]. 经济学 (季刊), 9 (2): 553-570.

汪来喜. 2011. 证券公司公司治理评价的实证分析[J]. 金融理论与实践, (3): 35-37.

王楚明. 2009. 金融信用发展演变研究[J]. 金融发展研究, (6): 16-19.

王国海. 2005. 开放经济条件下证券公司治理研究[D]. 长沙: 湖南大学.

王辉. 2003. 公司治理评价体系中的利益相关者指标[J]. 南开管理评论, (3): 24-25.

王辉. 2005. 企业利益相关者治理研究——从资本结构到资源结构[M]. 北京: 高等教育出版社.

王满四, 邵国良. 2007. 民营上市公司大股东机制的公司治理效应实证分析——考虑各种主体治理机制的相关性[J]. 金融研究, (2): 133-145.

王能. 2017. 公司治理、企业社会责任履行与公司绩效——基于中国上市公司的理论与实证研究[D]. 石河子: 石河子大学.

王世权. 2011. 监事会治理的有效性研究[M]. 北京: 中国人民大学出版社.

王世权, 李维安. 2009. 监事会治理理论的研究脉络及进展[J]. 产业经济评论, 8 (1): 24-38.

王涛, 赵守国. 2005. 公司治理结构的理论基础: 完全契约和不完全契约的比较分析[J]. 西安电子科技大学学报 (社会科学版), (2): 66-72.

王啸远. 2014. 我国券商风险管理问题及风险控制研究[J]. 金融发展研究, (5): 72-76.

吴敬琏. 1994. 现代公司与企业改革[M]. 天津: 天津人民出版社.

吴萌. 2013. 基于层次分析法的国有券商公司治理分析[J]. 上海金融, (1): 25-28, 116.

吴淑琨, 李有根. 2003. 中国上市公司治理评价体系研究[J]. 中国软科学, (5): 65-69.

吴淑琨, 刘忠明, 范建强. 2001. 非执行董事与公司绩效的实证研究[J]. 中国工业经济, (9): 69-76.

吴晓晖, 姜彦福. 2006. 机构投资者影响下独立董事治理效率变化研究[J]. 中国工业经济, (5): 105-111.

吴永明, 袁春生. 2007. 法律治理、投资者保护与财务舞弊: 一项基于上市公司的经验证据[J]. 中国工业经济, (3): 104-111.

夏立军, 方轶强. 2005. 政府控制、治理环境与公司价值——来自中国证券市场的经验证据[J].

经济研究，（5）：40-51.

夏玉琴.2014. 我国证券交易所市场中的"适当性规则"探析[D]. 上海：华东政法大学.

肖珉.2010. 现金股利、内部现金流与投资效率[J]. 金融研究，（10）：117-134.

肖曙光，王国顺，蒋顺才.2005. 我国券商治理的风险分析及对策[J]. 商业经济与管理，（1）：67-70.

谢增毅.2005. 董事会委员会与公司治理[J]. 法学研究，（5）：60-69.

徐慧玲，吕硕夫.2012. 中国上市公司"高送转"股利政策分析——基于股权结构的视角[J]. 经济问题，（11）：84-88.

许加林.2013. 我国证券公司治理研究[D]. 上海：上海交通大学.

严若森.2009. 再析董事会治理与公司经营绩效的关系——基于中国制造业上市公司的实证研究[J]. 经济管理，31（10）：54-58.

严若森.2010. 保险公司治理评价：指标体系构建与评分计算方法[J]. 保险研究，（10）：44-53.

杨峰.2016. 我国实行股票发行注册制的困境与路径分析[J]. 政法论丛，（3）：74-81.

杨海兰，王宏梅.2009. 上市公司董事会专业委员会的设立及其在中国的现状分析[J]. 当代经济管理，31（4）：92-96.

杨晖.2020. 场外股票配资行为之司法审判裁量探析[J]. 证券法苑，28（1）：266-272.

杨敏，张晴.2016. 我国证券公司违法违规行为的特征与政策建议——基于中国证监会 2001 年—2013 年行政处罚公告的分析[J]. 江苏商论，（10）：49-56，63.

杨瑞龙，周业安.1998. 交易费用与企业所有权分配合约的选择[J]. 经济研究，（9）：27-36.

伊丹敬之.2000. 日本型コ?ポレ?ト．ガバナンス[M]. 东京：日本经济新闻社.

阴崇娜.2012. 内部控制信息披露与公司治理：国内外文献综述[J]. 会计之友，（6）：64-66.

尹萃，朱丽华，胡增永.2006. 券商治理结构的完善思路[J]. 企业改革与管理，（2）：26，27.

尹海员，李忠民.2011. 我国证券市场监管目标研究——基于国外监管制度的考察[J]. 海南大学学报（人文社会科学版），29（3）：67-71.

于东智，池国华.2004. 董事会规模、稳定性与公司绩效：理论与经验分析[J]. 经济研究，（4）：70-79.

于东智，谷立日.2001. 上市公司管理层持股的激励效用及影响因素[J]. 经济理论与经济管理，（9）：24-30.

袁春生，汪青.2015. 经理人市场治理实证研究述评与启示[J]. 金融教育研究，28（4）：48-58.

张宝双.2003. 我国证券公司治理结构研究[J]. 经济问题，（7）：40-42.

张红军.2000. 中国上市公司股权结构与公司绩效的理论及实证分析[J]. 经济科学，（4）：34-44.

张林.2005. 借鉴国外经验改善我国证券公司治理结构[J]. 北方经贸，（6）：89-91，122.

张霓.2000. 我国证券市场中的政府行为分析[J]. 辽宁大学学报（哲学社会科学版），（4）：35-37.

张仁德，段文斌.1999. 公司起源和发展的历史分析与现实结论[J]. 南开经济研究，（4）：18-26.

张维.2007. 证券公司的治理结构与经营绩效分析[J]. 南京审计学院学报，（4）：41-45.

张维迎. 1999. 企业理论与中国企业改革[M]. 北京：北京大学出版社.

张维迎. 2005. 产权、激励与公司治理[M]. 北京：经济科学出版社.

张伟，周丹，王恩裕. 2005. 我国券商问题的根源与治理：一个分析框架[J]. 金融理论与实践，（12）：69-71.

张文魁. 2000. 企业负债的作用和偿债保障机制研究[J]. 经济研究，（7）：48-55，79-80.

张耀伟. 2008. 董事会治理评价、治理指数与公司绩效实证研究[J]. 管理科学，（5）：11-18.

张跃文. 2012. 我国上市公司现金分红决策研究[J]. 证券市场导报，（9）：27-32.

张运生，曾德明，欧阳慧，等. 2005. 中国上市公司高层管理团队治理评价研究[J]. 财经研究，（3）：27-36.

张志波. 2008. 现代管家理论研究述评[J]. 山东社会科学，（11）：155-158.

赵丽莉. 2009. 我国多元化证券监管体制构建的思考[J]. 商业时代，（21）：38，82.

赵西卜，徐爱莉. 2013. 产权性质、监事会特征与信息披露质量——来自深交所的经验数据[J]. 兰州学刊，（11）：85-93.

郑红亮，刘汉民，唐牡丹，等. 2011. 中国公司治理问题研究综述：2000～2010 年[J]. 经济研究参考，（42）：32-50.

仲继银. 2000. 积极投资者的崛起——美国机构投资者为何和如何参与公司治理及其对中国的启示[J]. 国际经济评论，（Z5）：41-45.

周隆斌，阮青松. 2003. 企业并购市场的作用机制：一个新的分析框架[J]. 经济评论，（1）：116-118，123.

周明，龚海涛，陈柳钦. 2004. 我国信托企业治理结构评价体系研究[J]. 学术论坛，（5）：100-103.

周其仁. 1996. 市场里的企业：一个人力资本与非人力资本的特别合约[J]. 经济研究，（6）：71-80.

周婷婷. 2014. 董事会治理、环境动态性与内部控制建设[J]. 山西财经大学学报，36（10）：111-124.

邹武鹰. 2003. 公司治理外部监督的法律研究[D]. 长沙：湖南大学.

Bebchuk L, Cohen A, Ferrell A. 2009. What matters in corporate governance? [J]. Review of Financial Studies, 22（2）：783-827.

Beiner S, Drobetz W, Schmid M M, et al. 2006. An integrated framework of corporate governance and firm valuation[J]. European Financial Management, 12（2）：249-283.

Belghitar Y, Clark E. 2015. Managerial risk incentives and investment related agency costs[J]. International Review of Financial Analysis, 38：191-197.

Besanko D, Kanatas G. 1993. Credit market equilibrium with bank monitoring and moral hazard[J]. Review of Financial Studies, 6：213-232.

Bhattacharya U, Daouk H. 2002. The world price of insider trading[J]. Journal of Finance, 57：

75-108.

Black B S, Jang H, Kim W. 2006. Does corporate governance predict firms' market values? Evidence from Korea[J]. Journal of Law, Economics and Organization, 22 (2): 366-413.

Blair M. 1995. Ownership and Control: Rethinking Corporate Governance for the Twenty-First Century[M]. Washington, D.C.: The Brookings Institution.

Chandle A D. 1977. The Visible Hand: The Managerial Revolution in American Business[M]. Cambridge: Harvard University Press.

Claessens S, Djankov S, Fan J P H, et al. 2002. Disentangling the incentive and entrenchment effects of large shareholdings[J]. Journal of Finance, 57 (6): 2741-2771.

Conyon M J, He L R. 2011. Executive compensation and corporate governance in China[J]. Journal of Corporate Finance, 17 (4): 1158-1175.

Cremers K J M, Nair V B. 2005. Governance mechanisms and equity prices[J]. The Journal of Finance, 60 (6): 2859-2894.

Dalton D R, Daily C M, Johnson J L, et al. 1999. Number of directors and financial performance: a meta-analysis[J]. Academy of Management Journal, (6): 674-686.

Djankov S, la Porta R, Lopez-de-Silanes F, et al. 2008. The law and economics of self-dealing[J]. Journal of Financial Economics, 88 (3): 430-465.

Donaldson L, Davis J H. 1991. Stewardship theory or agency theory: CEO governance and shareholder returns[J]. Australian Journal of Management, 16 (1): 49-64.

Drobetz W, Schillhofer A, Zimmermann H. 2004. Corporate governance and expected stock returns: evidence from Germany[J]. European Financial Management, 10 (2): 267-293.

Fama E F, Jensen M C. 1983. Separation of ownership and control[J]. The Journal of Law and Economics, 26: 301-325.

Freeman R E. 1984. Strategic Management: A Stakeholder Approach[M]. Cambridge: Cambridge University Press.

Frydman C, Saks R E. 2010. Executive compensation: a new view from a long-term perspective, 1936-2005[J]. The Review of Financial Studies, 23 (5): 2099-2138.

Gompers P, Ishii J, Metrick A. 2003. Corporate governance and equity prices[J]. The Quarterly Journal of Economics, 118 (1): 107-156.

Grossman S J, Hart O D. 1986. The costs and benefits of ownership: a theory of vertical and lateral integration[J]. Journal of Political Economy, 94: 691-719.

Hart O, Moore J. 1990. Property rights and the nature of the firm[J]. Journal of Political Economy, 98: 1119-1158.

Hofstede G. 1980. Culture's Consequences: International Differences in Work-Related Values[M]. London: Sage Pubiulications, Inc.

Jensen M C. 1993. The modern industrial revolution, exit, and the failure of internal control systems[J]. Journal of Finance, 48: 831-880.

Johnson S, la Porta R, Lopez-de-Silanes F, et al. 2000. Tunneling[J]. American Economic Review, 90 (2): 22-27.

Kaufmann D, Kraay A, Mastruzzi M. 2011. The worldwide governance indicators: methodology and analytical issues[J]. Hague Journal on the Rule of Law, 3 (2): 220-246.

la Porta R, Lopez-de-Silanes F, Shleifer A, et al. 1998. Law and finance[J]. Journal of Political Economy, 106 (6): 1113-1155.

Larcker D F, Richardson S A, Tuna I. 2007. Corporate governance, accounting outcomes, and organizational performance[J]. The Accounting Review, 82 (4): 963-1008.

Lipton M, Lorsch J W. 1992. A modest proposal for improved corporate governance[J]. The Business Lawyer, 48 (1): 59-77.

McConnell J J, Servaes H. 1990. Additional evidence on equity ownership and corporate value[J]. Journal of Financial Economics, 27: 595-612.

Mitchell R K, Agle B R, Wood D J. 1997. Toward a theory of stakeholder identification and salience: defining the principle of who and what really counts[J]. Academy of Management Review, 22 (4): 853-886.

Morck R, Shleifer A, Vishny R W. 1988. Management ownership and market valuation: an empirical analysis[J]. Journal of Financial Economics, 20: 293-315.

Murphy K J. 1985. Corporate performance and managerial remuneration: an empirical analysis[J]. Journal of Accounting and Economics, 7: 11-42.

Obembe O B, Soetan R O. 2015. Competition, corporate governance and corporate performance[J]. African Journal of Economic and Management Studies, 6 (3): 251-271.

Pedersen T, Thomsen S. 1999. Economic and systemic explanations of ownership concentration among Europe's largest companies[J]. International Journal of the Economics of Business, 6 (3): 367-381.

Qi Y. 2017. On the criterion vectors of lines of portfolio selection with multiple quadratic and multiple linear objectives[J]. Central European Journal of Operations Research, 25 (1): 145-158.

Qi Y, Li X L. 2020. On imposing ESG constraints of portfolio selection for sustainable investment and comparing the efficient frontiers in the weight space[J]. SAGE Open, 10 (4): 1-17.

Qi Y, Steuer R E, Wimmer M. 2017. An analytical derivation of the efficient surface in portfolio selection with three criteria[J]. Annals of Operations Research, 251: 161-177.

Rosenstein S, Wyatt J G. 1990. Outside directors, board independence and shareholder wealth[J]. Journal of Financial Economics, 26 (2): 175-191.

Shleifer A, Vishny R W. 1986. Large shareholders and corporate control[J]. Journal of Political

Economy，94：461-488.

Shleifer A，Vishny R W. 1997. A survey of corporate governance[J]. The Journal of Finance，52：737-783.

Stulz R. 1988. Managerial control of voting rights：financing policies and the market for corporate control[J]. Journal of Financial Economics，20：25-54.

Thayer C E，Fine A H. 2001. Evaluation and outcome measurement in the non-profit sector：stakeholder participation[J]. Evaluation and Program Planning，24（1）：103-108.